LANZAROTE

von Gottfried Aigner

Gottfried Aigner hat sich mit seinen Reiseführern vorwiegend auf italienische Urlaubsziele und auf spanische Inseln konzentriert. Besonders begeistert ist er von der Vielfalt der kanarischen Inselwelt. Auf Lanzarote, das er seit Jahrzehnten besucht, schätzt er den Kontrast zwischen der kargen, feurigen Vulkanlandschaft im Süden und dem mit Palmen geschmückten Norden. Außerdem die im Sinne des Künstlers und Umweltschützers César Manrique in schlichtem Stil bewahrten Dörfer.

www.vistapoint.de

Inhalt

Sprachführer

Extras – Zusatzinformationen

Zeichenerklärung

Top 10
Das sollte man gesehen haben, siehe vordere und hintere Umschlagklappe.

Vista Point
Reiseregionen, Orte und Sehenswürdigkeiten

Symbole
Verwendete Symbole siehe hintere innere Umschlagklappe.

Kartensymbol: Verweist auf das entsprechende Planquadrat der ausfaltbaren Landkarte bzw. der Detailpläne im Buch.

Willkommen auf Lanzarote

Aus dem Bauch der Erde herausgeschleuderte Magmamassen haben das Gesicht des Inselsüdens geprägt; eine bis zu zehn Meter dicke Lavaschicht begrub im 18. Jahrhundert fruchtbare Äcker und elf Ortschaften – bizarre Landschaften wurden geformt. Die Macht des Magmas lässt sich im Timanfaya-Naturpark nachvollziehen.

Doch wäre es falsch, der Insel nur das schauderhafte Höllenspiel anzuheften. Die Lanzaroteños haben gezeigt, dass Ausdauer und Fantasie die Natur bezwingen können: Weinstöcke, Kartoffeln, Feigen, Melonen, Mais und Opuntien gedeihen auf unwirtlicher Schlackenwelt. Auch die Flora hat die erkaltete Glut besiegt, Flechten zersetzen den Basalt, grüne Tabaiba und pralle Sukkulenten erobern die Aschekegel. Zu ihren Füßen leuchten blühende Wiesen – der Klimawandel bringt mehr Regen.

Im krassen Kontrast zu dieser vulkanischen Schöpfung stehen die für Urlauber aus aller Welt wichtigen Strände. Goldgelber Sand strahlt an den Küsten, fällt sanft ab in den blauen Ozean mit absolut sauberem

Wasser. Diese Urlaubswelt ist im windigen Costa Teguise zu finden, noch umfangreicher sind die Strände in Puerto del Carmen und im südlichen Playa Blanca mit den benachbarten Papagayo-Buchten.

Bei Ausflügen ins Zentrum der Insel und nach Norden begegnet einem, was dem lanzaroteñischen Künstler César Manrique am Herzen lag: der Schutz von Architektur, Kunst und Umwelt. Dasselbe Ziel hat die UNESCO, die Lanzarote 1993 zum Weltbiosphärenreservat ernannte, eines der meist geschützten Gebiete unter den wichtigsten Ökosystemen der Welt. Neben dem Erhalt von Flora und Fauna sollen auch die hübschen weißen Dörfer wie Yaiza, Tinajo und Haría unverändert bleiben sowie die Architektur der ehemaligen, ehrwürdigen Hauptstadt Teguise nicht angetastet werden.

Ebenso unberührbar sind das Tal der 1000 Palmen bei Haría, im Norden das Malpaís de La Corona, das Inselchen La Graciosa und der steile Fels Risco de Famara, das Wüstengebiet El Jable zwischen Teguise und Sóo – und natürlich La Geria, die kunstvolle Rebenlandschaft in der von den Vulkanen geprägten erde. Kaum eine Insel ist so faszinierend wie Lanzarote!

Viel besucht: der Ferienort Costa Teguise

Daten zur Geschichte

Das Schicksal und die Besiedlung der Kanarischen Inseln verliert sich im Dunkel der Geschichte. Erst mit den Eroberungen, dem Wettkampf um die Vorherrschaft auf den Weltmeeren vor allem zwischen Portugal und Spanien, treten die Kanaren in das Bewusstsein Europas.

Vor etwa 16 Mio. Jahren	Lanzarote steigt nach Fuerteventura durch vulkanische Kräfte aus dem Atlantik.
3000–1000 v. Chr.	Vermutlich erste Besiedlung von Nordafrika aus in mehreren Wellen; um 1100 wird die Entdeckung der Kanaren durch die Phönizier auf der Suche nach neuen Handelswegen vermutet.
500–200 v. Chr.	Vereinzelte archäologische Funde bestätigen die Besiedlung der Kanaren von Nordafrika aus. Die frühen Einwanderer sind dem Cro-Magnon-Typ zuzuordnen, die sich im Mittelmeerraum angesiedelt hatten. Erste Königreiche der Altkanarier, der Guanchen, werden gegründet.
35 n. Chr.	Funde römischer Amphoren auf Lanzarote (und Fuerteventura) weisen auf einen Handelsaustausch mit den Ureinwohnern hin.
1. Jh.	Durch Plinius d. Ä. (23–79) belegte Expedition des Mauretanischen Königs Juba II. auf die Kanarischen Inseln

Durch vulkanische Kräfte aus dem Atlantik gestiegen – die Kanareninsel Lanzarote: Windkraftwerk am Risco de las Nieves

Die ersten Siedler

Die ersten Einwohner der Kanaren hatten wenig Kontakt zueinander, die Altkanarier auf Lanzarote und Fuerteventura lebten ziemlich isoliert. Selbstbewusste Lanzaroteños nennen sich *Mazigios*, abgeleitet von *Amazigh*, eine heute noch in Nordwestafrika lebende Bevölkerungsgruppe, zu der Berber und Tuaregs gehören. Allgemein nannten sich die Ureinwohner der Inseln Lanzarote und Fuerteventura *Majos*, nach ihren Höhlenwohnungen (*Majos* oder *Mahod*). Noch heute ist der abgeleitete Begriff *Majoreros* für die Einwohner Fuerteventuras gültig; die Lanzaroteños hingegen heißen im Volksmund *Conejeros*, das sind »Kaninchenjäger«.

Die Guanchen, wie inzwischen alle Altkanarier des Archipels vereinfacht genannt werden, bauten Gerste, Weizen und Hülsenfrüchte an, die Felder wurden mit an Stöcken befestigten Ziegenhörnern bearbeitet. Hunde halfen den Hirten beim Hüten von Ziegen, Schafen und Schweinen. Boote hatten die Guanchen nicht, sie fischten vom Ufer aus mit Netzen und Speeren oder trieben die Fische in eine Bucht und betäubten sie mit dem Saft der Tabaiba. Die Kleidung bestand aus Ziegen- und Schaffellen.

Ovid (43 v.–17 n. Chr.) besingt in seinen »Metamorphosen« den ewigen Frühling auf den Inseln unter dem Namen *Insulae Canariae*.

2. Jh. Der griechische Naturforscher Ptolemäus (ca. 100–160) zeichnet eine Weltkarte und trägt dabei den Nullmeridian durch die Insel Hierro ein sowie die Lage von *Canaria* – Gran Canaria.

Bereits Ovid besang in seinen »Metamorphosen« den ewigen Frühling auf den Kanarischen Inseln (Holzschnitt aus der Schedelschen Weltchronik, 1493)

Danach verliert sich das Wissen über die Inseln für mehrere Jahrhunderte.

1312 Der Italiener Lancelotto Malocello entdeckt die Kanaren und bleibt bis 1330 auf Lanzarote. Nach Lancelotto wird die Insel Lanzarote benannt (durch Lautverschiebung im Portugiesischen von L zu R). Der toskanische Dichter Petrarca (1304–74) berichtet von einer bewaffneten Mannschaft aus Genua, die bis Lanzarote vorgedrungen sei.

1341 Expedition des portugiesischen Königs Alfonso II. (1279–1357); er beauftragt den Florentiner Angiolino del Tegghia mit der Kartografierung der Kanaren.

1344	Der Kastilier Don Luis de la Cerda kauft von Papst Clemens VI., der sich zum Herrscher aller unentdeckten Länder erklärt hatte, die Kanaren, kann den Tribut aber nicht bezahlen – die Inseln fallen an Spanien. Die Inselbewohner werden von Abenteurern und Piraten beraubt und versklavt.

Die Eroberung der Kanaren durch den Normannen Jean de Béthencourt (Handschrift aus dem 15. Jh., British Museum, London)

1402 Der Normanne Jean de Béthencourt ankert in der Meerenge El Río zwischen Lanzarote und La Graciosa und schließt mit dem kanarischen König Guardafía einen Friedenspakt, der sich davon Schutz gegen Piraten verspricht. Danach erobert Béthencourt Fuerteventura; er bringt aus Sevilla zahlreiche Soldaten, aber auch Handwerker und etliche Adelige mit, die sich auf den Inseln ansiedeln und friedlich mit den Insulanern leben.

1406 Krönung Jean de Béthencourts zum König der Kanarischen Inseln, danach verlässt er die Inseln und stirbt 1425 in Frankreich. Sein Neffe und Nachfolger Maciot heiratet Teguise, die schöne Tochter des Guardafía. Wegen brutalen Sklavenhandels mit den Inselbewohnern wird er im Auftrag der Krone ins Exil nach Madeira verbannt, verkauft die Inseln an mehrere Interessenten, Streit zwischen Kastilien und Portugal entsteht.

1440–77 Diego de Herrera, der Marschall von Kastilien, eignet sich neben El Hierro und La Gomera während der Streitigkeiten auch Lanzarote und Fuerteventura als Lehen an. In Lanzarotes fruchtbarem Süden wird in großem Stil Getreide angebaut.

1492 Kolumbus entdeckt Amerika, die Kanaren erlangen wichtige strategische Bedeutung vor der Überquerung des Atlantik.

1496 Teneriffa wird als letzte Kanarische Insel blutig der kastilischen Krone unterworfen, doch Lanzarote und Fuerteventura bleiben bis ins 19. Jh. Lehen.

16. Jh. Ständige Überfälle durch Piraten und Sklavenhändler, im Jahre 1560 leben nur noch 500 Einheimische auf der Insel.

1618 Die Algerier Tabac und Soliman überfallen mit 30 Schiffen die Insel; viele Bewohner flüchten in die Cuevas de los Verdes, andere werden als Sklaven verschleppt. Auswanderungswellen nach Südamerika. Bis 1630 schrumpft die Zahl der Inselbewohner auf 300.

1726	Der Schriftsteller Don José Clavijo y Fayardo wird in Teguise geboren, studiert in Las Palmas und siedelt später nach Spanien über. Er war das Vorbild für Goethes literarische Figur im Drama »Clavigo«.
1730–36	Verheerende Vulkanausbrüche und Dürreperioden erschüttern die Insel, neue Auswanderungswellen nach Mittel- und Südamerika.
1760	Wirtschaftliche Blütezeit unter Karl III., die Kanaren sind letzte Versorgungsstation auf dem Weg in die Neue Welt.
18. Jh.	Piraten überfallen und zerstören mehrfach den Hafen von Arrecife und die damalige Inselhauptstadt Teguise.
19. Jh.	Die Kanaren werden zu einer einzigen Provinz zusammengefasst, mit Santa Cruz de Tenerife als ihre Hauptstadt.
	Die aus Europa eingeschleppten Schädlinge Reblaus und Mehltau zerstören die Weinkulturen der Inseln, auch Lanzarotes *Malvasía*-Reben sind betroffen.
1824	Ein letzter Vulkanausbruch bedeckt die Ebene von Tiagua mit Lava und Asche.
1852	Die Kanarischen Inseln werden zur Freihandelszone. Nach Teguise wird die Hafenstadt Arrecife zur Inselhauptstadt.
1877/78	Eine Wasser- und damit verbundene Hungersnot veranlassen an die 8 000 Lanzaroteños zum Auswandern. Knapp 18 000 Bewohner bleiben auf der Insel zurück.
1919	César Manrique wird in Arrecife geboren. Der Maler, Bildhauer und Architekt beeinflusst Architektur und ökologisches Denken auf den Kanaren.
1927	Gran Canaria wird mit Lanzarote und Fuerteventura eigenständige Provinz; ihre Hauptstadt ist Las Palmas de Gran Canaria.
1936	Der vom Festland verbannte General Franco fliegt heimlich von

Der Inselkünstler César Manrique (1919–1992) beeinflusste nachhaltig die Architektur und das ökologische Denken auf Lanzarote

	Gran Canaria in die spanische Kolonie Marokko, sein Putsch gegen die Republik führt zum Spanischen Bürgerkrieg. Unter der Diktatur Francos (1939–75) verarmt Lanzarote.
1968	César Manrique kommt auf seine Insel zurück: Ausbau der Jameos del Agua bei Haría, in Arrecife Gründung des Museo Internacional de Arte Contemporáneo im Castillo de San José, Bau seines Hauses in Taro de Tahíche südlich von Teguise, später Museum und Sitz seiner Stiftung.
	Der Multimediakünstler Ildefonso Aguilar wird Direktor des Kulturamtes (bis 1985).
1969	Bei San Bartolomé baut César Manrique die Casa del Campesino.
1970	Beginn des Tourismus auf Lanzarote, dank Manrique und dem von ihm veranlassten Bebauungsplan halten sich die Bausünden in Grenzen. Der Künstler gestaltet das Restaurant »El Diablo« im Nationalpark von Timanfaya.
1972	César Manrique baut den »Mirador del Río« mit Blick auf La Graciosa und die Salinen.
1974	Madrid erklärt das Timanfaya-Gebiet zum streng geschützten Nationalpark. Gründung des Kulturzentrums, *El Almacén*, von Arrecife.
1975	Nach dem Tod General Francos führt der spanische König Juan Carlos I. das Land in die Demokratie.
1982	Die Kanarischen Inseln werden autonom.
1986	Spanien tritt der EG bei, Sonderstatus für die Kanaren.
1990	Manrique schafft auf Lanzarote den »Jardín de Cactus« – sein letztes Werk.
1992	Volle Integration der Kanaren in die Europäische Union, doch die Zollbestimmungen bleiben wie für Nicht-EU-Länder gültig. – Tödlicher Unfall César Manriques, sein Freund und Nachlassverwalter José Juan Ramírez führt die Stiftung, die »Fundación César Manrique«, weiter.
1993	Die UNESCO erklärt Lanzarote zum Weltbiosphärenreservat.

Schutz der Naturschönheit

Der von der UNESCO inszenierte »Plan Lanzarote en la Biosfera« dient dem Schutz der Umwelt und ihrer natürlichen Ressourcen, der Artenvielfalt und der Landschaft. Außerdem fordert der Plan die Wiedererlangung und Restauration des Kulturerbes, die Entwicklung und Erhaltung der Inselwirtschaft, die Verringerung der Abfallerzeugung und des Verbrauchs an Ressourcen. Ein Problem stellt die Entwicklung des Tourismus dar – mit bereits 250 000 Betten in Hotels und Apartments drohe die Kapazität des Ökosystems Schaden zu nehmen.

Einklang von Kunst, Architektur und Natur im Vorhof der Fundación César Manrique nahe dem Örtchen Tahíche

1998	Verschönerung der Hauptstadt Arrecife zum 200. Geburtstag. 1,7 Millionen ausländische Urlauber auf der Insel.
	Das 1995 beschlossene Schengener Abkommen wird umgesetzt, innerhalb der EU entfallen die Grenz- bzw. Passkontrollen – damit auch bei einer Reise von Deutschland oder Österreich auf die Kanaren.
1999	Verdoppelung der Flughafen-Kapazität.
2005	Der Kulturverein »Aldea Ajey« in San Bartolomé eröffnet die historische »Casa Mayor Guerra«.
2006	Das Rauchverbot gilt in öffentlichen Gebäuden und Gaststätten.
2007	1,6 Millionen ausländische, davon 314 000 deutsche Touristen besuchen die Insel.
2010	Nach einer längeren Stagnation kommt die Tourismuswirtschaft wieder in Gang. Im Sommer liegt die Hotelauslastung bei 79 Prozent.
2012	Die Zahl der Touristen erreicht die Zwei-Millionen-Grenze. Grund ist, dass das Winterziel Lanzarote mit seinem ausgeglichenen Klima allmählich auch als Sommerziel entdeckt wird.
2014	Nach langem Hin und Her wird im Castillo San Gabriel endlich das Archäologische Museum mit Informationen zur Geschichte Arrecifes eröffnet. ■

Ein Bummel durch die Inselhauptstadt Arrecife

Parque Islas Canarias – Casa de la Cultura »Agustin de la Hoz« – Parque La Marina – Castillo San Gabriel – Gran Hotel – Playa del Reducto – Cabildo Insular – Puente de las Bolas – Casa de Los Arroyo – La Recova – Iglesia San Ginés – Mercado Turístico Artesanal 2020 – Charco de San Ginés – Calle León y Castillo – Mercadillo – Valterra – Puerto de Naos – Puerto de los Marmoles – Castillo de San José – Museo Internacional de Arte Contemporáneo.

Um vor Überfällen sicher zu sein, gründeten die spanischen Eroberer die Inselhauptstadt im Inneren Lanzarotes. 1418 wurde dafür *Gran Aldea*, eine Siedlung der Altkanarier, in Teguise umbenannt und ausgebaut. An der Küste gab es nur einen kleinen Hafen, die Boote versteckten sich hinter schwarzen Vulkanriffs, den *Arrecifes*. Durch den Handel mit Amerika wurde bald der Ausbau notwendig, man brauchte Lagerhallen für die Waren und Wohnungen für die Hafenarbeiter und ihre Familien sowie eine Kirche. Der bescheidene Reichtum Arrecifes lockte aber die Piraten aus Europa und Afrika. 1551 plünderte der französische Korsar Pie de Palo den Hafen, 1569 raubte und versklavte der Pirat

Calafat 200 Bewohner, zwei Jahre später plünderte und zerstörte der gefürchtete berberische Seeräuber Dogan das Hafenstädtchen.

Endlich wurde wenige Jahre später auf der vorgelagerten Insel zur Verteidigung des Hafens das Castillo de San Gabriel gebaut. Doch es half nicht viel, schon 1586 zerstörte der algerische Pirat Morato Arraez Stadt und Kastell. Schließlich schaltete sich König Philipp II. ein und beauftragte den italienischen Spezialisten Leonardo Torriani mit dem Ausbau der Festung so wie sie heute noch dasteht. Eine steinerne Zugbrücke, Puente de las Bolas (*bolas* = die steinernen Kugeln), verband die Insel mit dem Land, später kam der Damm Puente de Las Palmas hinzu.

Die zweite Festung, das Castillo de San José im Nordosten der Stadt, war nicht zur Verteidigung gedacht – König Karl III. befahl 1771 die Errichtung als Arbeitsbeschaffungsmaßnahme (sozusagen ABM) für die durch Vulkanausbrüche hungernden Einwohner. Nach den Naturkatastrophen ging es aufwärts mit Arrecife, 1792 wurde für die großen Handelsschiffe El Muelle de las Cebollas, die »Mole der Zwiebeln«, ins Meer gemauert. Die Einwohnerzahl (1848: 2363 Personen) und die Bedeutung des Hafens nahmen zu, folglich musste Teguise auf die Verwaltung verzichten und Arrecife wurde 1852 zur Inselhauptstadt ernannt.

Hundert Jahre lang wurde der Handel gepflegt, es ging um Arbeitsplätze, weniger um gepflegte Straßen und repräsentative Gebäude. Als Mitte des 20. Jahrhunderts an den Stränden der Tourismus erblühte und dort moderne Städte entstanden, machte die Hauptstadt einen ungepflegten Eindruck, so dass sie von Urlaubern gemieden wurde. Erst im Laufe der 1990er Jahre und vor allem im neuen Jahrtausend erwachte die Metropole aus ihrem Aschenputtel-Dasein. Heute kann sie sich wirklich sehen lassen.

Vom Ausgangspunkt, dem **Parque Islas Canarias**, stößt man stadteinwärts auf die Calle Dr. Ruperto Gonzalez Negrín, an deren Ecke Richtung Meer der Rincón Bibliográfico Rafael Amor folgt. Hier sitzen unter ei-

Der Binnenhafen von Arrecife: Charco de San Ginés

nem Zeltdach die Männer der Stadt an Spieltischen und messen sich bei Domino und Kartenspiel. Am benachbarten Kiosk erhält man Erfrischungen. Der Stadtbummel geht am Meer entlang. Auf der Stadtseite, an der Avenida La Marina, steht die im Kolonialstil errichtete **Casa de la Cultura »Agustin de la Hoz«**. In ihrer noblen Eingangshalle erhält man Informationen über Kultur- und Sportveranstaltungen.

aC3

aC3

Mitten im **Parque La Marina** hat die gut ausgestattete Tourist Information ihren Sitz in einem wunderschönen Pavillon. Weiter geht es auf die kleine Insel mit dem wuchtigen **Castillo San Gabriel**, der ersten Festung gegen die lästigen Piraten (vgl. S. 8 f.). An die wehrhafte Zeit erinnern vor der Festung zwei Kanonen aus dem 19. Jahrhundert. Sie wurden vom Wachposten La Bateria del Norte hierher gebracht, von der Stelle, die heute der Mirador del Río einnimmt (vgl. S. 51 f.). Nach jahrelanger Diskussion soll in der Burg 2014 endlich das **Archäologische Museum** eingerichtet werden. Die Ausstellung, so der Plan, soll an die reiche, manchmal abenteuerliche Geschichte der Stadt erinnern. Bis zurück in die Zeit, als sich die Boote des kleinen Hafens noch hinter schwarzen Vulkanriffen versteckten, den *Arrecifes*, die der Hafenstadt ihren Namen gaben.

aD3/4

Mit der Eröffnung des Museums ist auch wieder der Weg auf das Dach der Bastion frei. Von dort oben kann man alle wichtigen Punkte ausmachen: Im Westen steht das einzige Hochhaus der Hauptstadt, das lange Zeit als Ruine den Boulevard verunzierte, das **Gran Hotel**. Mit der Renovierung des 17-stöckigen Baus wurde auch der Parque Islas Canarias erneuert, unter ihm entstand eine Tiefgarage mit 800 Plätzen. Westlich vom modernen, mit heimischen Pflanzen bestückten Park

aC1/2

Die Pfarrkirche San Ginés in Arrecife

Trinkwasser vom Atlantik

Auf dem Weg vom Castillo de San José Richtung Costa Teguise stehen mehrere **Meerwasser-Entsalzungsanlagen**, die 90 Prozent des auf der wasserlosen Insel benötigten Trinkwassers produzieren. Den Rest stellen eine Anlage bei Playa Blanca und mehrere große Hotelanlagen her. Um den Druck des Meeres zu nutzen, liegen die Wasserfabriken direkt am Meer, die Tanks für die Aufnahme des Meerwassers im Fels unter dem Wasserspiegel.

Durch mehrfache Filterung wird das Atlantikwasser mit 50 Gramm Salz pro Liter auf trinkbares Nass mit 0,15 Gramm des Minerals reduziert. Zum Komplex gehört auch die Mineralwasser-Fabrik »Chafari«, deren Produkt in vielen Lebensmittelgeschäften zu finden ist.

zieht sich die schöne **Playa del Reducto** in einem Bogen vor der Avenida Fred Olsen die Küste entlang. Dahinter befindet sich der neue Sitz des **Cabildo Insular**, der Inselregierung, ein ockerfarbenes Gebäude im neoklassizistischen Stil. Ein weiterer markanter Punkt ist der Turm der Kirche San Ginés.

aC1

Zurück führt ein mit Kieseln gepflasterter, geschwungener Weg über die Zugbrücke **Puente de las Bolas** (Bolas = Kugeln), die wegen der Hebekonstruktion gebückt bezwungen werden muss. Gegenüber steht die **Casa de Los Arroyo**, ein historisches Gebäude aus dem 18. Jahrhundert mit wunderschönem Patio, geschnitzten, hölzernen Treppenläufen und Balkonen. Auch ein alte Filteranlage *(Destiladera)* steht im Hof: Das Trinkwasser wurde in einen Lavabehälter geschüttet, das gereinigte Wasser tropfte in einen Tonkrug.

aC4

aC3/4

Am Ende der Avenida Coll zweigt der Rundgang vor dem neuen Rathaus links ab in die Calle Manuel Miranda. Nach ein paar Schritten lädt rechts der Marktplatz **La Recova** zu einem Stopp ein (Mo–Sa 9–14 Uhr). Neben ein paar Obst- und Gemüseständen gibt es hier eine Bar mit Tischen im Schatten, Kunsthandwerk, einen Flickschuster wie in alten Zeiten und »Andybrot« mit preiswerten, leckeren Backwaren. Am Ende der Gasse lugen die grünen Wipfel einiger Palmen und Indischer Lorbeerbäume aus dem Häusermeer.

aB4

Neben der schattigen Plaza de las Palmas erhebt sich die Pfarrkirche **Iglesia San Ginés** mit ihrem weißen Turm, dessen Kanten und Geschosse mit grauschwarzen Lavasteinen abgesetzt sind, über die Dächer. Im Inneren der Kirche sind schöne Mudéjar-Decken zu bewundern; einen der drei grauschwarzen Rundpfeiler umschlingt eine kleine barocke Holzkanzel und in der neoklassizistischen Hochaltarwand stehen die Muttergottes und eine Skulptur des San Ginés, des ersten Bischofs von Arrecife. Die Plaza de las Palmas und ihre Seitengassen füllen sich samstags von 10 bis 14 Uhr mit den Ständen des **Mercado Turístico Artesanal 2020**, auf dem vor allem typische Produkte der Insel und Kunsthandwerk angeboten werden.

aB4

aB/
aC4

Hinter der Kirche San Ginés führen die Gassen zum attraktiven **Charco de San Ginés**, einer großen Lagune, auf der bunte Boote schaukeln. *Charco* heißt eigentlich Pfütze, und eine schmutzige, stinkende Lache war er auch, bis César Manrique den traurigen Binnensee reinigen ließ. Allmählich folgten die Renovierung der umliegenden Häuser und eine neue Fußgängerzone mit blauen Geländern. Auch die kleine Brücke am östlichen Ende wurde repariert, sie überspannt die Verbindung der Lagune mit dem Meer. Früher trieben hier die Fischer Arrecifes bei Flut die Thunfische in die Falle und brachten Sie zur Strecke.

Von der Nordwestecke des Sees gelangt man in die Fußgängerzone **Calle León y Castillo**, Arrecifes Shoppingmeile mit vielen Straßencafés und Bars. Leider mussten die alten Textilgeschäfte mit umlaufenden Innenbalkonen den modernen Boutiquen mit bekannten Modemarken Platz machen. Im zweistöckigen, glasüberdachten **Mercadillo** sollte man sich einen Drink oder Snack gönnen. Läden mit Kunsthandwerk und Leder ergänzen das ruhige, gemütliche Areal. Anschließend kann man der Straße zurück zum Meer folgen.

Wer etwas mehr über das Leben in Arrecife erfahren möchte, zweigt vom Charco nicht links in die Calle León y Castillo ab, sondern nach rechts in die Calle Jacinto Borges Diaz, die in das sanierte Fischerviertel **Valterra** führt, wo die Nachkommen der Fischer in einfachen, aber hübschen Fischerhäusern leben. Hier zeigen sich die Bemühungen der Stadtverwaltung, César Manriques Werk fortzusetzen und der Metropole ein freundliches Aussehen zu verleihen.

Östlich des Viertels breitet sich der **Puerto de Naos** aus, zum Teil ein lebhafter Fischereihafen, zum Teil Parkplatz für nicht mehr benötigte Fischfangkutter, weil die Gründe vor der afrikanischen Küste inzwischen ziemlich abgefischt sind.

Weiter außerhalb der Stadt, zwischen dem Fischerei- und dem Fähr- und Handelshafen **Puerto de los Marmoles** steht das aus massiven Basaltquadern gemauerte ❶ **Castillo de San José** über der Steilküste. Gebaut wurde die Burg ab 1779, um den durch Vulkanausbrüche hungernden Menschen Lohn und Arbeit zu geben, deshalb auch der Beiname *Fortalezza del Hambre* – Hungerburg.

In seinen Gemäuern ist das von César Manrique konzipierte **Museo Internacional de Arte Contemporáneo** untergebracht. Ein architektonischer Genuss ist schon allein der große tonnengewölbte Hauptraum, hinzu kommen eindrucksvoll aufgestellte Kunstwerke der Moderne. Das Museum verfügt über eine wertvolle Sammlung zeitgenössischer Kunst, darunter u. a. Arbeiten von Joan Miró, Oscar Domínguez, Eusebio Sempérez und selbstverständlich des Inselkünstlers César Manrique.

Service-Informationen Arrecife

 Tourist Information/Patronato de Turismo
– Calle Triana 38, 35500 Arrecife aC3
℅ 928 81 17 62
Okt.–Juni Mo–Fr 7.45–15.15, Juli–Sept. Mo–Fr 7.45–14.15 Uhr
– Kiosk im Parque José Ramírez Cerdá s/n, Arrecife
℅ 928 81 31 74
Mo–Fr 9.30–16, Sa 10–13 Uhr
www.turismolanzarote.com

 Casa de la Cultura »Agustin de la Hoz«
Plaza de la Constitución 5, Arrecife aC3
℅ 928 80 28 84
Mo–Fr 10–13 und 17–20 Uhr, Eintritt frei
Im Kolonialstil errichtete Villa.

 Casa de Los Arroyo
Centro Científico Cultural Blas Cabrera aC3/4
Avda. Coll s/n, Arrecife
Mo–Fr 10.30–13.30 und 16–19 Uhr, Eintritt frei
Historisches Wohnhaus (18. Jh.) mit schönem Innenhof, geschmückt mit geschnitzten Treppenläufen und Balkonen. Wechselnde Ausstellungen. In der »Sala Pancho Lasso« Werke des 1904 auf der Insel geborenen Bildhauers Pancho Lasso.

 Castillo de San Gabriel/
Museo de la Historia de Arrecife aD3/4
Gegenüber dem Parque La Marina, Arrecife
℅ 928 81 23 21

Tradition: Domino-Spieler am Parque José Ramírez Cerda

Öffnungszeiten und Eintrittspreise des Museums standen bei Redaktionsschluss noch nicht fest.

In den Innenräumen der von zwei Kanonen beschützten Burg soll 2014 ein Archäologisches Museum mit Informationen über die wechselvolle Geschichte der Hauptstadt eröffnet werden.

 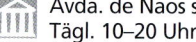

❶ Castillo de San José/Museo International de Arte Contemporáneo
Avda. de Naos s/n, Arrecife
Tägl. 10–20 Uhr
Eintritt € 4/2 (7–12 J.)
Imposante Festungsarchitektur (1771–79) mit einer geschickt konzipierten Ausstellungsform, Werke u. a. von Miró, Manrique Gutes Restaurant (s. u.).

Iglesia San Ginés
Plaza de las Palmas, Arrecife
Tägl. 9–13 und 17–20 Uhr
Schöner schattiger Platz. Aus Vulkanstein: die Kanten des Turms, der Rahmen des Hauptportals, im Inneren die Pfeiler und der Fußboden. Kassettendecke im Mudéjar-Stil, Altar mit der Figur des Stadtpatrons San Ginés.

A. Colón
Calle Cactus s/n, Ciudad Jardín, Loc. El Cable, in Nähe des Flughafens, Arrecife
☏ 928 80 56 49
Tägl. außer Mo 13–15 und 20–23 Uhr
Schöner Meerblick, mit Terrasse und Garten, anspruchsvolle Küche, spanische und kanarische Spezialitäten, immer frischer Fisch und Meeresfrüchte. €€€

 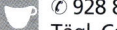

Castillo de San José
In der gleichnamigen Festung, Arrecife
☏ 928 81 23 21
Tägl. Café 10–14, Restaurant 13–16 und 19–23.30 Uhr
Der Blick geht auf den Großhafen Los Marmoles. Elegante Einrichtung mit Glas und Leder, traditionelle Küche mit Fisch- und Fleischgerichten, auch Tapas. €€€

La Puntilla
Avda. César Manrique 52, am Charco, Arrecife
☏ 928 81 60 42
Tägl. außer So 12–16 und 20.30–22.30 Uhr
Stylisches, kleines Restaurant am Charco, fantasievolle Gerichte, Ziegenkäse, Fisch und Fleisch. €€€

Aguaviva
Calle Mastil 31, Playa Honda
☏ 928 82 15 05
So/Mo geschl.
Gute kanarische Küche, Fischgerichte. €€–€€€

Das wehrhafte Castillo de San José beherbergt heute das internationale Museum zeitgenössischer Kunst (Arrecife)

Café Central
Calle León y Castillo 34, Arrecife
✆ 606 13 85 50
Tägl. außer So ab 10 Uhr bis nachts
Mit Tischen auf der Straße, Torten und Kuchen, Tagesmenü, große Tapas-Auswahl, Sandwiches und *Bocadillos* (belegte Brötchen), Salate. €€

aB3

Lemon
Avda. César Manrique 46, am Charco, Arrecife
✆ 636 47 40 45
Tägl. außer So 10–24 Uhr
Tapas, Hamburger und Sandwiches. €

aB4

Pizzeria Italiana da Gigi
Avda. de Dr. Ruperto González 4, Arrecife
✆ 928 81 47 49, tägl. außer Mi 12–16 und 19.30–24 Uhr
Sardischer Familienbetrieb, große Auswahl an Pizzen, auch Salate. €

aC2

Nachtleben
Das Nachtleben in der Hauptstadt ist nicht besonders auffällig. Meistens treffen sich die jungen Leute zum Schwatz an der Uferpromenade oder an der **Playa del Reducto**. Später am Abend geht es dann oft bis 4 Uhr in die Musikbars, Cafés und Kneipen der **Calle José Antonio**, dort ist die Tanzbar **La Fábrica** besonders beliebt, eine Lounge-Disco in einer früheren Brotfabrik (22–4 Uhr und später).

aC/aD1

aB3–
aC1

Diskotheken, die in der Hauptstadt schon länger das Publikum anziehen, sind u. a. die **Tambo Bar** in der Calle Dr. Rupert Negrin 6 (Mo–Sa 22–3 Uhr) und die **Tsunami Bar** in der Calle José Antonio 59 (Di–Sa 22–3 Uhr). Beliebt besonders bei jungem Publikum ist **Bodegon Los Conejeros,** eine Wein- und Bierbar in der Avda. Dr. Rafael Gonzalez Negrin 9 (tägl. 20–2 Uhr).

Das absolute Highlight des Nachtlebens ist **Biosfera**, eine Disco unter einem Zeltdach, Livemusik und Shows von Fr bis So ab 22 Uhr, erst um 2 Uhr geht es dort so richtig los (Avda. Fred. Olsen s/n, südlich der Playa del Reducto am neuen Gebäude der Inselregierung).

aC2

aB2

aC2

G7

Calle León y Castillo
Arrecife

aA–
aC3

Die Haupstraße zieht sich vom Puente de las Bolas schnurgerade nach Norden, hier sind die meisten Geschäfte zu finden, vor allem Boutiquen mit bekannten Modemarken; viele Straßencafés und Bars.

El Mercadillo
Calle León y Castillo 14, Arrecife

aB3

Klare Farben und Formen: Inselarchitektur in Arrecife

Kleines, stimmungsvolles Einkaufszentrum mit glasüberdachtem, zweistöckigem Patio. Zu finden sind hier eine Cafeteria, ein kleines Restaurant sowie verschiedene Geschäfte mit Kunsthandwerk und Lederwaren.

La Recova/Mercado Municipal
Calle Manuel Miranda s/n, nahe der Pfarrkirche Arrecife
Mo–Fr 9–14 Uhr

aB/
aC4

Kleiner Gemüse- und Obstmarkt mit den Erzeugnissen der Insel sowie kleine Läden mit Kunsthandwerk, Flickschuster, Bäcker und eine Bar mit Tischen im Schatten. In der Nähe (Calle Libre) frischer Fisch in der **Pescaderia**.

Shopping Center Deiland
Calle Chimadas 20, Playa Honda, 3 km westlich von Arrecife
www.deilandplaza.com

G7

Mode, Leder, Supermärkte, Bars und Restaurants, Kino, Kindergarten. ■

Reiseregionen, Orte und Sehenswürdigkeiten

DAS ZENTRUM

Im Zentrum Lanzarotes versammeln sich die meisten historischen Orte, Zeugnisse der Altkanarier wie der **Palacio de Zonzamas**, Verteidigungsanlagen gegen Überfälle durch Welteroberer und Piraten wie das **Castillo de Guanapay** sowie weiße Dörfer, deren Bewohner noch das Kunsthandwerk pflegen. Hier finden sich aber auch Beweise für den ökologisch weitblickenden Inselkünstler Manrique – durch seinen Einfluss gerettete Landhäuser, Bauernhöfe und Paläste und seine erste Wohnung in den **Lavagrotten bei Tahíche**, die heute eine gut besuchte Stiftung ist.

Zum Zentrum zählen auch die Schönheitskönigin **Teguise**, die alte Hauptstadt, und **Arrecife**, die neue Metropole, die ihr Aschenputtel-Dasein längst aufgegeben hat. Als Urlaubszentrum wurde das ausufernde **Costa Teguise** in den Sand gebaut. Zur Inselmitte gehört aber vor allem die Lavalandschaft **La Geria**, die sich trotz Unwirtlichkeit zum größten Weinanbaugebiet der östlichen Inseln entwickelte.

Costa Teguise

F/G8

Die Ferienstadt nordöstlich von Arrecife, ist auf dem Reißbrett entstanden. Wo früher wertloses Sandgebiet lag, wetteiferten mit Beginn des Tourismus Investoren und Baulöwen um die höchsten und breitesten Bettenburgen. Der ökologische Wächter Manrique wurde hier überrollt, seine liebliche Ferienhaussiedlung **Pueblo Marinero** wird von den umliegenden Klötzen erdrückt.

Aber der Kunstort hat schöne Strände, die wegen des steten Windes durch Wellenbrecher geschützt sind. Die Surfer schätzen das bewegte Wasser weiter draußen. Urlauber genießen hier außerdem das große Angebot an Boutiquen, Restaurants, Bars, und Diskotheken. Besonders am Wochenende geht es an der **Avenida de las Islas Canarias** turbulent zu.

F8

ℹ️ Tourist Information
Beim Pueblo Marinero
Avda. Islas Canarias s/n, 35509 Costa Teguise
☏ 928 59 25 42, www.turismoteguise.com
Mo–Fr 9.30–17, Sa/So 10–15.30 Uhr

Von Surfern geschätzt: das windige Costa Teguise

 Lanzarote Aquarium
Avda. Las Acacias s/n, Costa Teguise
℗ 928 59 00 69, www.aquariumlanzarote.com
Tägl. April–Okt. 10–19, Nov.–März 10–18 Uhr
Eintritt € 12,50/8 (4–12 J.)
Das Aquarium befindet sich erst im Aufbau und hat trotzdem schon tolle Unterwasser-Stars.

 F9

 Playa del Jablillo, Playa de las Cucharas
Der gepflegte Jablillo-Strand ist durch einen Wellenbrecher vom ständig wehenden Wind geschützt, ideal für Familien mit Kindern. Der Cu-Cucharas-Strand ist Treffpunkt vor allem für Windsurfer, daher gibt's hier mehrere Surfschulen.

 F/G 8/9

 Neptuno
Avda. del Jablillo, C.C. Neptuno, Costa Teguise
℗ 928 59 03 78
Mittags und abends, So und Mitte Juni–Mitte Juli geschl. Beliebtes Restaurant in andalusischem Stil in Strandnähe, gute Fischgerichte, Fleisch vom Grill, auch mit preiswerter Pizzeria, freundlicher Service. €€€

 F8

Pueblo Marinero
Im noch ursprünglich gebliebenen Pueblo versammeln sich Bars, Kneipen und Restaurants für jeden Anspruch. Die meisten haben durchgehend geöffnet, ein Anruf ist empfehlenswert. Beispiele:
– **Las Brasas**, Plaza Pueblo Marinero 3, , Costa Teguise ℗ 928 59 07 61, ab 20 Uhr, Mo geschl. €€€
– **El Pescador**, Plaza Pueblo Marinero 8, , Costa Teguise ℗ 682 14 94 30, mittags und So geschl., v. a. Fischgerichte. €€€

 F8

 Vesubio
Avda. del Jablilo, Apt. Neptuno, Costa Teguise
℗ 928 59 00 90
Tägl. 10–23 Uhr, beliebtes Terrassenrestaurant mit Blick auf den Strand. €€€

 F8

Windresistente Gemüsesorten

Kurz nach Tahíche, auf der LZ 34 Richtung San Bartolomé, liegt die **Granja Experimental**. Hier werden für die Landwirtschaft Lanzarotes neue Methoden ausgetüftelt, um die Landarbeit zu erleichtern und den Ertrag zu erhöhen oder neue Gemüse- und Obstsorten dem Klima der Insel anzupassen. So wurden besonders flache, gestützte Pflüge für die Lapillischicht (vgl. Trockenfeldbau, S. 32) und spezielle Setzmaschinen für Zwiebeln und Kartoffeln konstruiert. Manche Produkte wie Bohnen, Kartoffeln, Erdbeeren und Melonen sind der starken Windbelastung, der sie in manchen Gegenden ausgesetzt sind, nicht gewachsen. Die Agrartechniker züchten in mühseligen Versuchen resistente und ertragreichere Sorten. Inselfremde Pflanzen werden in Gewächshäusern und geschützten Feldern akklimatisiert und danach den Landwirten angeboten: z. B. Apfelsinen, Birnen, Feigen, Kürbisse, Mangos und Papayas.

Club de Golf Costa Teguise
3 km oberhalb Costa Teguise, Straße nach Tahíche
✆ 928 59 05 12
www.lanzarote-golf.com
18 Löcher, Par des Platzes 72, ganzjährig geöffnet.

Windsurfing Club
Centro Comercial Maretas Nr. 2
Calle Marajo s/n, Costa Teguise
✆ 928 59 07 31, www.lanzarotewindsurf.com

Tauchen:
– **Calipso Diving,** Avda. Las Canarias s/n, Centro Comercial Calipso, Costa Teguise, ✆ 928 59 80 79
www.calipso-diving.com
– **Aquatis Divingcenter Lanzarote**, Playa de las Cucharas, Costa Teguise, ✆ 928 59 04 07, www.diving-lanzarote.net

Das silberne Windspiel César Manriques am Kreisel vor Tahíche

❷ Fundación César Manrique

Das ehemalige Wohnhaus des großen Künstlers und Architekten Manrique ist von Arrecife aus über die LZ 1 erreichbar, kurz vor dem Örtchen Tahíche am großen Kreisel mit dem silbernen Windspiel geht es nach links. Als Begrüßung dreht sich ein weiteres, buntes Windspiel vor dem Eingang.

Manrique kehrte 1968 aus den USA zurück und entdeckte auf einer Fahrt über die Insel mitten im erstarrten schwarzen Lavafluss die grüne Krone eines Feigenbaums aus einer Lavablase lugen. Er sah dann die Kette von Vulkanhöhlen und wollte das fruchtlose Land dem Besitzer abkaufen, der aber schenkte ihm die wertlose Scholle. So entstand die unterirdische Wohnung **Taro de Tahíche** (*Taro* = frühere Hirtenhütten aus Lava), mit der César eine Verbindung zwischen Natur und Mensch schuf.

Fünf der vom Künstler ausgebauten unterirdischen Vulkanblasen, durch natürliche Röhren miteinander

Das einstige Wohnhaus des Künstlers ist heute Sitz der Fundación César Manrique

verbunden, sind zu besichtigen. Jede hat ihre eigene Farbe: Weiß, Rot, Schwarz und Gelb, dann folgt das Atelier mit der **Colección Manrique**. Hier erst versteht man die Verbundenheit Manriques mit seiner Insel, vor allem bei den Mischtechnik-Gemälden aus Ölfarbe, Gestein und Asche – die Vulkane und die strömende Lava scheinen nach dem Betrachter zu greifen. Vor dem Werk »Color de la tierra« meint man die Hitze der feuerspeienden Vulkane förmlich zu spüren, so ausdrucksstark sind die vielen, mit Sandfarbe vermischten Rottöne des großen Bildes.

Als zu viele Architekten, Künstler und Neugierige das Haus besichtigen wollten, er keine Ruhe mehr fand, zog Manrique 1987 in ein altes Bauernhaus nach Haría. Seine alte Wohnstätte wurde Museum der von ihm gegründeten Stiftung. 1992 verunglückte er am Verkehrskreisel direkt in der Nähe des Taro de Tahíche tödlich. Die Stiftung wird seitdem von Manriques Freund und Nachlassverwalter José Juan Ramírez betreut.

② **Fundación César Manrique**
Kurz vor Tahíche
☏ 928 84 31 38, www.fcmanrique.org
Tägl. 10–18 Uhr, Eintritt € 8, bis 12 J. frei

F7

Obergeschoss mit Innenhof und dem um eine große Lavablase angeordneten Wohnzimmer, Manriques **Sammlung moderner Kunst**: Picasso, Miró, Manuel Valdés, Eduardo Chillida u. a. Im Raum mit der Bezeichnung **Espacios** einige Arbeiten von Manrique, im früheren Schlafzimmer mit dem Namen **Bocetos** (Entwürfe) Manriques Skizzen für seine Windspiele, Skulpturen und Gemälde. Über eine **Basalttreppe** geht es dann in die berühmte Vulkanblasen-Wohnung mit der **Colección Manrique** (vgl. oben).

F6–G3

La Geria

Vom Monumento al Campesino südwestwärts bis vor Uga zieht sich Lanzarotes größtes **Weinanbaugebiet** über 15 Kilometer durch eine unwirtliche Vulkanlandschaft. Sie entstand im 18. Jahrhundert durch die verheerende Lava der speienden Feuerberge. Die Bauern der Insel retteten sich vor der Urgewalt nach Gran Canaria, erst allmählich wagten sich einige zurück und standen vor dem katastrophalen »Acker«: Lava und Asche, versiegte Quellen und Brunnen, Regen höchstens im Winter in geringen Mengen, ständiger Wind, der den Boden austrocknet – eine lebensfeindliche Mondlandschaft.

Einige unentwegte Lanzaroteños erinnerten sich an die Berichte des Bischofs Don Pedro Dávila, der beobachtet hatte, dass sich saftiges Grün durch die schwarze Körnerschicht geschoben hatte. Auf dieser Basis entwickelten die Winzer eine trickreiche Methode. Sie gruben tiefe Trichter in den Aschenboden und setzten dort Reben in die Lapillischicht.

Das System: Durch den Trichter sind die Pflanzen vor dem Wind geschützt, die basaltischen, porösen Lapilli saugen den Nachttau auf und geben die Feuchtigkeit am Tag an den Humus weiter, der durch den gegrabenen Trichter schnell von den Wurzeln der Reben erreicht wird. Eine Alternative ist, die Rebe durch hohe, aufgeschichtete Mauern aus Lavasteinen zu schützen.

Die mit Trichtern und Mäuerchen übersäten Hügel und Ebenen, in jeder schwarzen Vertiefung ein grüner Punkt, stellen eine auf der Welt einmalige landschaftliche Grafik dar. Das veranlasste das Museum of Modern Art in New York, La Geria zum **Gesamtkunstwerk** zu erklären, mit dem Titel »Architektur ohne Architekten«.

In Lanzarotes kunstvoller Landschaft haben sich natürlich viele **Weinkellereien** etabliert, wo vorwiegend »Malvasía« (trockener/halbtrockener Weißwein), »Moscatel« (schwerer, süffiger Weißwein) und »Listan negro« (süffiger Rotwein) verkostet und verkauft werden.

F6

 El Grifo
Zwischen Mozaga und Masdache an der LZ 30

Die Arbeit der Vulkane

Lanzarote hat sich durch den Magmadruck im Erdinneren vor etwa 16 Millionen Jahren aus dem Ozean gehoben. Zuerst wurden die Gebirgsstöcke Los Ajaches im Süden und Risco de Famara im Norden hoch gedrückt. Vor etwa einer Million Jahre bildeten Vulkanausbrüche die Mitte und den Süden der Insel. Vor etwa 5000 Jahren spuckte der Monte Corona im Norden beim heutigen Orzola und schuf Richtung Osten etwa drei Kilometer neues Land. Zwischen 1730 und 1736 bedeckten zirka 100 Vulkane das damals noch fruchtbare Land im Süden. 1824 ereigneten sich die letzten Ausbrüche auf Lanzarote, 1971 brach auf der kanarischen Insel La Palma der Teneguía aus.

Carretera de Masdache 121, km 11
 ℐ 928 52 49 51, www.elgrifo.com
Tägl. 10.30–18 Uhr

230 Jahre Tradition, alle klassischen Lanzarote-Weine im Angebot, auch Sekt. Und auch hier wieder César Manrique: Das Etikett für den El Grifo-Wein stammt von ihm: eine rote Sonne mit Vulkan, eingerahmt von zwei grünen Palmen, dazwischen die stilisierten Lavatrichter mit grünem Punkt. Mit **Wein-Museum** (Führungen tägl. 11.30 und 16 Uhr).

Mancha Blanca

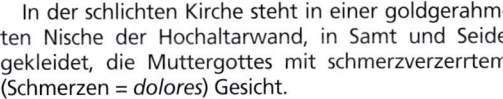

Der Wallfahrtsort ist fast mit Tinajo zusammengewachsen und hat eine besondere Attraktion: die berühmte Wallfahrtskirche **Nuestra Señora de los Dolores** mit der »Virgen de los Volcanes«. Diese Madonnenstatue soll am 16. April 1736 den sich von den Montañas del Fuego herabwälzenden, glühenden Lavastrom kurz vor dem Ort gestoppt haben. Ein Holzkreuz außerhalb der Kirche markiert diese Stelle. 1824 soll die Madonna ein ähnliches Wunder vollbracht haben. So wird die Schutzherrin, eigentlich *de los Dolores,* aber wegen der Wunder in *de los Volcanes* umgetauft, gleich zwei Mal mit einer Wallfahrt gefeiert: am 24. Mai und am 15. September.

In der schlichten Kirche steht in einer goldgerahmten Nische der Hochaltarwand, in Samt und Seide gekleidet, die Muttergottes mit schmerzverzerrtem (Schmerzen = *dolores*) Gesicht.

Eine weitere Sehenswürdigkeit ist die **Caldera de Guigua** an der Brücke Richtung Tinajo. Der durch eingesackte Lavamassen entstandene Vulkankessel (*caldera* = Kessel) wurde von La Manchas Bauern mit flachen Terrassen in eine wunderschöne Gemüselandschaft verwandelt.

 Nuestra Señora de los Dolores
Außerhalb des Ortes Richtung Tiagua
Tagsüber fast immer geöffnet
Schlichte Kirche mit der wundertätigen **Madonna de los Volcanes**.

Ausflugsziele:

 Vulkanbombe bei der Caldera Colorada
Ein erstaunliches Naturwunder liegt oder steht vier Kilometer südlich von Mancha Blanca neben der Straße LZ 56, die zur LZ 30 (Masdache–Uga) führt. Von der LZ 30 nach Norden fährt man 2,4 km. Östlich liegt dann ein Schotterplatz zum Parken. Von dort aus sind es 15 Minuten bis zur roten Caldera Colorada und den unter ihr liegenden runden Basaltbomben. Der größte Vulkanbrocken ist etwa sieben Meter hoch. **Vulkan-**

bomben entstehen beim Ausbruch eines Vulkans, indem die Schmelze aus Gestein und Mineralien durch den Druck des Magmas hochgeschleudert und in Rotation versetzt werden. Auf dem Weg zur Erde kühlt die Kugel so weit ab, dass sie beim Aufprall ihre Form weitgehend behält. Der leichte Rundmarsch um die Caldera Colorada (100 m) dauert eine gute Stunde. Schautafeln erklären die Umgebung des roten Vulkanberges.

F6

Monumento al Campesino
Ziemlich genau in der Inselmitte, nördlich von San Bartolomé, kurz vor Mozaga steht das 15 m hohe Monumento al Campesino. César Manrique hat es den fleißigen Bauern der Insel gewidmet und nannte es »Fecundidad«, was Fruchtbarkeit bedeutet. Das Denkmal hat er aus weiß lackierten Trinkwasserkanistern alter Fischerboote zusammengeschweißt. Mit etwas Fantasie ist ein Bauer mit Dromedar und Esel auszumachen.

Casa Museo del Campesino
Neben dem Monumento al Campesino
Tägl. 10–18 Uhr, Eintritt frei
Großes Zentrum für Kunsthandwerk; Stickerinnen, Töpfer und auch andere Kunsthandwerker sind bei der Arbeit zu beobachten. Ausstellungen mit Gofio-Mühlen und alten Keramikfiguren – Guanchen-Herrscher und ihre Frauen – von Juan Brito. Weinverkauf und Souvenirgeschäft.

El Campesino
Im Komplex neben dem Monumento al Campesino
℡ 928 52 01 36
Restaurant tägl. 12–16.45 Uhr, Bar tägl. 11–16.30 Uhr

In einem nach Plänen von César Manrique restaurierten kanarischen Gehöft hat sich das Heimatmuseum Casa Museo del Campesino eingerichtet

Typisch kanarische Einrichtung mit viel Holz und landwirtschaftlichen Geräten. Eine der besten Küchen, kanarische Kost nach Originalrezepten. €€

Playa de la Madera
Vgl. Tinajo, S. 38.

San Bartolomé

Sieben Kilometer von der Hauptstadt Arrecife entfernt liegt der saubere Ort, der zur Stromversorgung über eigene Windräder auf der Montaña Mina verfügt. Am Ortsrand reizt das in einem Landgut aus dem 18. Jahrhundert untergebrachte Völkerkundemuseum **Tanit**, aus derselben Zeit stammt die **Casa Mayor Guerra** an der Südseite der Montaña de la Cruz. Den Reichtum der Stadt zeigen im Zentrum die großzügige **Plaza Léon y Castillo** mit der Iglesia de San Martín und das Rathaus. Gegenüber lädt eine Parkanlage zur Rast.

Tourist Information
Calle Doctór Cerdeña Béthencourt 17 (im Westteil der Stadt), 35550 San Bartolomé
☏ 928 52 25 93, www.sanbartolome.es
Okt.–Juli Mo–Fr 8–15, Aug.–Sept. Mo–Fr 8–14 Uhr

Casa del Mayor Guerra
Calle Doctór Cerdeña Bethencourt 17 (Landstraße San Bartolomé-Tias, Ortsende, rechts oben)
☏ 928 52 23 51, tägl. außer Mo 10–17 Uhr
Eintritt € 6/3, Führung nur nach Voranmeldung
Sorgfältig renoviertes historisches Herrenhaus. Ständige Ausstellung zur Geschichte der Gemeinde.

Museo Etnográfico Tanit
Calle Constitución 1, San Bartolomé
www.museotanit.com, Mo–Sa 10–14 Uhr
Eintritt € 6, unter 12 J. frei
Die Privatsammlung im Weinkeller eines alten Weinguts zeigt landwirtschaftliche Geräte und Einrichtungen aus der Zeit der Guanchen bis zum 20. Jh.

❸ Teguise

Die alte Hauptstadt ist einen längeren Besuch wert, ihre Altstadt steht unter Denkmalschutz. Dieser Kern wurde bereits 1418 neben dem ursprünglichen Dorf der Ureinwohner von den spanischen Eroberern gegründet und ist nach Betancuria auf Fuerteventura (1404) die zweitälteste Stadt der Kanaren. Nachdem sie zuerst *Aldea Grande* hieß, großes Dorf, wählte Maciot de Béthencourt, Neffe des Eroberers Jean de Béthencourt, den Namen seiner Frau, der Guanchen-

Ein Sohn Teguises inspirierte Goethe

Als Sohn einer wohlhabenden Familie erblickte Don José Clavijo y Fayardo am 19. März 1727 das Licht der Welt. Seine Kindheit verbrachte er auf Lanzarote, später studierte er Philosophie, Theologie und Recht in Las Palmas de Gran Canaria. In Madrid widmete sich der Gelehrte der Schriftstellerei und wurde Direktor der königlichen Theater. Bei seinem längeren Aufenthalt in Frankreich lernte er Voltaire, Buffon und Beaumarchais kennen. Mit dessen Schwester Louise Caron begann er eine heiße Liebesaffaire, war aber nicht bereit, sein Eheversprechen einzuhalten. Beaumarchais rächte seine verschmähte Schwester, indem er Clavijo in seinem Buch »Eugénie« zur belächelten, unrühmlichen literarischen Figur machte. Diese Darstellung regte Goethe zu seinem Trauerspiel »Clavigo« an (1774). 1806 starb Don José in Madrid.

Königstochter *Teguise*. Spanische und portugiesische Architekten zeigten ihr Können; mit der Benennung zur Villa Real, königlichen Stadt (1455), und zum Sitz des Bischofs wurden besonders viele Kirchen und Adelspaläste gegründet. Piraten plünderten und zerstörten Teguise mehrfach, doch ließ sich die Stadt nicht unterkriegen. Das Gesicht von heute wurde vorwiegend im 17. und 18. Jahrhundert geprägt. Trotz seiner historischen Bedeutung musste Teguise 1852 seine Rolle als Hauptstadt an die durch den Seehandel aufblühende Hafenstadt Arrecife abgeben. Die Lanzaroteños nennen sie aber immer noch »La Villa«.

Die alte Metropole muss zu Fuß besichtigt werden. Wer mit dem Auto kommt, sollte es am besten in der Nähe der Kirche **San Francisco** abstellen. Vom ursprünglichen Konvent blieb nach dem Raubzug des Piraten Solimán (1618) lediglich die Kirche übrig. Be-

bC3

Teguise: der Glockenturm der Pfarrkirche Nuestra Señora de Guadalupe im goldenen Abendlicht

merkenswert im zweischiffigen Gotteshaus sind die schön geschnitzten Decken im Mudéjar-Stil. Das Retabel im rechten Schiff ist mit naiven Figuren und prallen Früchtearrangements geschmückt, der so genannte Indianische Barock zeigt den Einfluss Süd- und Mittelamerikas auf die vermögenden Rückwanderer.

In der Kirche ist auch das **Museo Sacro** (untergebracht (vgl. S. 32). Die interessante Sammlung zeigt 70 Exponate aus aufgelassenen Kirchen und Klöstern der Stadt und ihrer Umgebung. Besonders beeindruckend sind die volkstümlichen Christusfiguren aus dem 18. und 19. Jahrhundert *(Cristus populares)*. Ein Höhepunkt ist das 20 Zentimeter hohe Renaissance-Kruzifix.

In der Calle Marqués de Herrera y Rojas lohnt ein Besuch des **Palacio del Marquéz de Herrera y Rojas**, 1455 erbaut und nach fast 20-jähriger Restaurierung von einem deutschen Ehepaar der Öffentlichkeit zugänglich gemacht. Zentrum ist das Restaurant im offenen Patio, wo Mini-Häppchen gereicht werden (vgl. S. 33). Die Weine aus der erlesenen Weinsammlung haben ihren Preis.

Nebenan steht in der Calle Espiritu Santo von den Einheimischen geliebte **Teatro Municipal**. Ein paar Schritte weiter öffnet sich der große **Parque La Mareta** mit einer restaurierten Windmühle. Hier werden häufig Feste veranstaltet.

Südlich des riesigen Platzes kommt man über die Calle La Sangre, nach den grausamen Piratenüberfällen »Blutgasse« genannt, und die Calle San Miguel zur Plaza de la Constitución, die von historischen Gebäuden umgeben ist. Die Pfarrkirche **San Miguel**, neben dem Erzengel auch Nuestra Señora de Guadalupe geweiht, macht von außen einen unharmonischen Eindruck. Dieser Stilmix ist auf Plünderungen, Umbauten und einen großen Brand (1909) zurückzuführen. So ist auch der neogotische Zuckerbäckerstil im Inneren der dreischiffigen Kirche zu erklären.

Auf der linken Seite der Plaza wurde die Caja de Canarias (Sparkasse) in der **Cilla**, dem ehemaligen Zehnthaus untergebracht (17. Jh.). Hier wurden früher zehn Prozent der Ernte abgegeben. Während der Schalterstunden der Sparkasse ist eine Besichtigung problemlos möglich (Sommer Mo–Fr 8.30–13.30, Winter 8.30–14 Uhr).

Der Mudéjar-Stil

Bei der Beschreibung von Kirchen werden mehrfach die Holzdecken im Mudéjar-Stil erwähnt. Es sind kunstvolle Kassettendecken, teils aus dunklem Holz, teils bemalt. Der Mudéjar-Stil entstand auf dem spanischen Festland, nachdem christliche Heere die arabisch besetzten Gebiete zurückerobert hatten. Damals legte man Wert darauf, dass die handwerklich geschickten maurischen Handwerker in Spanien blieben. Es handelte sich um die *mudaggan* oder *mudaddjan*, was so viel bedeutet, wie die »zum Bleiben ermächtigten« Moslems.

bB/bC2

Im Scheitelpunkt der Plaza de la Constitución steht der edle **Palacio Spínola**, der bis 1974 bewohnt war, weshalb die Bausubstanz fast unversehrt geblieben ist. Die offizielle Residenz des Präsidenten der Kanarischen Inseln ist auch als Museum für das Publikum geöffnet (vgl. unten).

bD2

Im südwestlichen Teil des historischen Zentrums liegt das ehemalige Dominikanerkloster **Santo Domingo**. In den früheren Konventsräumen befinden sich die Amtsstuben des Rathauses. In der zweischiffigen Kirche mit vier schwarz-roten, runden Lavapfeilern wurde das **Centro de Arte Santo Domingo** eingerichtet, das jedoch nur bei Ausstellungen geöffnet wird.

bD5

E7

Weitere schöne Gebäude, teils mit geschnitzten Türen und Holzbalkonen, sind bei einem Bummel durch die Gassen zu entdecken. Die beste Gelegenheit, um sich noch einmal einen Überblick über den wie ein Schachbrett angelegten Grundriss zu verschaffen, bietet das **Castillo de Santa Bárbara**. Es liegt auf einem Hügel außerhalb im Osten der Stadt zu Füßen der Montaña de Guanapay.

bC2

Tourist Information
Neben dem Palacio Spinola, Teguise
☏ 928 84 53 98, www.turismoteguise.com
Mo–Fr 9.30–17, Sa/So 10–15.30 Uhr

bB/ bC2

Casa Museo del Timple
Im Palacio Spínola, Teguise
☏ 928 84 51 81, Mo–Sa 9–16.30, So/Fei 9–15.30 Uhr
Eintritt € 3 (ab 12 J.)
Im feudalen Wohnpalast mit originalem Mobiliar, wertvollen Gemälden und inseltypischen Gebrauchsgegenständen ist das Timple-Museum untergebracht. Das kleine typisch kanarische Zupfinstrument ist in allen Variationen zu sehen. In den Innenhöfen stehen zahlreiche steinerne Wasserfilter.

bC3

Museo Sacro/San Francisco
Calle José Betancort/Plaza San Francisco, Teguise
Mo–Fr 9–15, Sa und So 9.30–14 Uhr, Di geschl.
70 Exponate aus aufgelassenen Klöstern und Kirchen der Stadt und Umgebung.

Lanzaroteños der nächsten Generation auf der Plaza de la Constitución in Teguise

Centro de Arte Convento de Santo Domingo
Plaza del Santo Domingo 1, Teguise

Mo–Fr 10–15, So 10–14 Uhr, Eintritt frei
Im ehemaligen Dominikanerkloster wurde in den
Konventsräumen das Rathaus untergebracht. Die aufgelassene Kirche mit zwei Portalen aus rotem Sandstein
beherbergt das **Museum für Zeitgenössische Kunst**.

 bD2

Kirche San Miguel
Plaza de la Constitución s/n, Teguise
Mo–Fr 10–13 Uhr
Besuchermagnet ist in der rechten Kapelle vor dem
Chor die **Mondsichel-Madonna**, die verehrte Statue
der Jungfrau von Guadalupe mit schwerer Silberkrone.

 bB/bC3

Palacio del Marquéz de Herrera y Rojas
Calle Marquéz de Herrera y Rojas 9, Teguise
℗ 928 84 57 73
Mo–Fr 12–20, So 10–15 Uhr
Historischer Palast, in dessen Patio ein Spezialitäten-Teller (16 verschiedene Tapas) und edler Wein serviert
wird; Weinprobe nur nach Voranmeldung. €€€

 bC3

Acatife
Plaza de la Constitución/Calle San Miguel 4
Teguise
℗ 928 84 50 37, Di–Sa 12–23, So 9–16 Uhr
Edel dekoriert, verglaster Patio, fein gedeckt oder rustikal, man hat die Wahl. Inseltypische Küche, Spezialität: Brasse *(sama)* im Salzteig. €€–€€€

 bC3

Bodega Santa Barbara
Calle La Cruz 5, Teguise
℗ 928 59 48 41, tägl. außer Sa 11–17 Uhr
Bistro eines deutschen Paares mit Terrasse und
Modeladen; Kuchen, Tapas und gemischte Platten. €€

 bB3

Galeria
Calle de la Nueva 8, Teguise
℗ 928 84 56 63, ab 11.30 Uhr, Mo abends geschl.
Bar mit kanarischer Küche, Gerichte je nach
Marktangebot, auch Tapas, So mit Jazz; Tische auch
auf der Straße. €€

 bB2

La Bodeguita Del Medio
Plaza Clavijo y Fajardo 5, Teguise
℗ 928 84 56 80
Verkauf und Verkostung von Inselweinen, Tapas, Kaffee und Kuchen, Tische auch auf dem Platz. €€

 bB2

Plaza Clavijo y Fajardo 4
Teguise
Verschachteltes Haus mit mehreren Geschäften: Mode,
Kristallwaren, Kunstgalerie, Friseur.

 bB2

Der Trockenfeldbau

In der Gegend von Teguise und Mozaga gibt es den **Enarenado artificial**, mit kleinen Laven und Schlacken bedeckte Felder. Lapilli heißen die Wasser speichernden Körner, die über dem Humus liegen. Vor dem Säen muss mit dem *arado romano*, einem kleinen Pflug mit schmaler Schar, die Lapillischicht zur Seite geschoben werden, der Boden wird gelockert und gedüngt, danach die Saat meist per Hand eingebracht. Die porösen Vulkankörner speichern den Nachttau und geben die Feuchtigkeit tagsüber an die Wurzeln ab. Außerdem schützen sie die Erde vor Austrocknung durch Wind und Sonne. Etwa zehn Jahre hält die Schlackenschicht, dann ist sie zu sehr mit Erde vermischt und muss erneuert werden. Der Trockenfeldbau ermöglicht den Anbau von Zwiebeln, Mais, Hülsenfrüchten, Kartoffeln, Tomaten sowie verschiedenen Getreidesorten und Luzerne.

bB3

Sonntagsmarkt

Der Markt (9–14 Uhr) breitet sich über die ganze Stadt aus. Allmählich wurden afrikanische Waren von einheimischem Kunsthandwerk zurückgedrängt: Schmuck, Stickereien, Keramik, Metallarbeiten, gepunztes Leder, landwirtschaftliche Produkte.

E7

Queseria El Faro

Carretera Teguise-Mozaga km 4,2
✆ 928 52 14 08
Preiswerter lokaler Ziegenkäse: *queso fresco* (ca. 8 Tage alt), *queso semi-curado* oder *semi-seco* (älter als 2 Wochen) und voll ausgereifter *queso curado* (mindestens 2 oder 3 Monate alt).

Ausflugsziele:

E7

Casa Lagomar

Calle Los Loros 2, Oasis de Nazaret bei Teguise
✆ 928 84 56 65, www.lag-o-mar.com
Der Schauspieler Omar Sharif ließ das Anwesen nach einem Entwurf von César Manrique in die Klippen eines Steinbruchs bauen. Die Kulturstät-

Folkloretänzerinnen auf dem Sonntagsmarkt in Teguise

Das Tal von Los Valles mit Blick auf das Castillo de Santa Bárbara

te zwischen Felsengärten und Höhlen beherbergt neben zwei Museen eine Kunstgalerie und Ateliers. Das Restaurant (Di–Sa 12–14, So 12–18 Uhr, mit Jazzkonzerten, Mo geschl.) liegt an einem Kratersee. Sensationell ist die Höhlenbar mit Live-Konzerten Do, Fr und Sa nachts. Die zwei kleinen Gästehäuser besitzen einen privaten Pool.

Castillo de Santa Bárbara

Etwa 2 km östlich von Teguise, Mo–Fr 9–15, So/Fei 9.30–15 Uhr, im Winter werktags 1 Std. länger Eintritt € 3 (ab 12 J.)

E7

Die heutige Burg wurde ab 1588 vom italienischen Festungsbaumeister Leonardo Torriani errichtet. Sie diente schon immer als ein kleiner Stützpunkt zur Beobachtung der Feinde. Allerdings zerfiel sie im Lauf der Jahrhunderte und bekam nach mehreren Restaurierungsversuchen erst 1989 die ursprüngliche Gestalt. Ein Rundgang lohnt sich, vor allem von der Terrasse der großartige Blick auf Teguise und Umgebung und vom Söller bis hinunter nach Arrecife.

In der Festung wurde das frühere Museo del Emigrante aufgelöst und durch das **Museo de la Piratería**, eine etwas Comic-hafte Ausstellung, ersetzt. Sie soll an die über Jahrhunderte dauernden Piratenüberfälle erinnern, die viele Einwohner Teguises zur Auswanderung zwangen. Beim Rundgang begegnet man u. a. den Seeräubern Francis Drake, Solimán und Tabac.

Tiagua

E6

Rund sechs Kilometer nördlich des Monumento al Campesino liegt das Bauerndorf Tiagua, mitten im Treibsandgebiet des **El Jable**. Am Ende des Ortes Richtung Muñique und Sóo sind bereits die Flügel von zwei Gofio-Mühlen zu sehen. Sie stehen im Mittelpunkt

Guanchen-Ringkampf: Lucha Canaria

In den meisten Dörfern Lanzarotes ist ein *terrero* zu finden, die Kampf-arena der stämmigen kanarischen Ringkämpfer, wo sie vorwiegend am Wochenende auftreten. Je zwölf Mann gehören zu den beiden Teams, jeder tritt gegen jeden an. Zwei Minuten dauert eine Runde, in der zweiten muss die Entscheidung fallen. Die Kontrahenten stehen einander gegenüber, die linke Hand packt das Hosenbein des Gegners, die rechte hält sich an Schulter oder Rücken fest. Sobald der Schiedsrichter pfeift, geht das Zerren und Heben los, wer außer den Füßen mit anderen Körperteilen den Boden berührt, hat verloren.

Die *luchadores* dürfen ziehen, schleudern, heben, zerren und drü-cken. Verboten sind Schläge und Tritte, auch der Kopf bleibt verschont. Besonders fanatisch sind die Anhänger des Sports bei den Insel-Aus-scheidungskämpfen, die auch per TV übertragen werden. Der moderne Wettkampf wurde entschärft, die Guanchen durften Knüppel benut-zen, sich mit drei schweren Steinen bewerfen und den Körper mit Fett einreiben, um dem Gegner wenig Halt zu bieten.

Kanarischer Ringkampf: »Lucha Canaria«

eines erlebnisreichen und für die ganze Familie span-nenden **Freilichtmuseums**.

E6

④ Museo Agrícola El Patio
Calle del Echeyde 18, Straße nach Muñique/Sóo
35558 Tiagua
www.museoelpatio.com (im Aufbau)
Mo–Fr 10–17.30, Sa 10–14.30 Uhr
Eintritt € 5 (ab 12 J.)

Herrenhaus von 1850 mit Ackergeräten, alten Hand-werkzeugen, Kunsthandwerk und historischen Fotos der Insel. Wege durch bewirtschaftete Felder, vorbei an Zisternenanlagen für das wenige Regenwasser, an um-mauerten Weinstöcken etc. Auf dem Hof oder im Stall-gelände ein Dromedar, Geflügel, Schafe und Ziegen. In den beiden Mühlen wurde früher Gofio gemahlen, wichtiges Nahrungsmittel der Guanchen und in typi-schen kanarischen Haushalten auch heute verwendet. In der urigen Bodega wird Wein verkostet.

Tinajo

Das lange Straßendorf liegt im Nordwestzipfel des Inselzentrums, etwa elf Kilometer vom Monumento al Campesino entfernt. Besonders hübsch geschmückt ist der Dorfplatz mit Palmen, Drachenbäumen, Lorbeer, Indischem Lorbeer, Hibiskus und Araucarien. Attraktiv ist die am Platz stehende Pfarrkirche **San Roque** (Ende 18. Jh.), beliebt für Hochzeiten, leider aber nur unregelmäßig geöffnet.

Auffallend ist der große **Terrero** am Rande des Ortes, die Ringkampfarena für die *Lucha Canaria*, das traditionelle kanarische Catchen, basierend auf dem Kampfsport der Guanchen (vgl. S. 36). Fast an jedem Wochenende findet der beliebte Wettkampf statt, die Zeiten, wann die *luchadores* auftreten, stehen am Tor der Arena oder man fragt in der nächsten Bar. Auch wer mehr über den **Timanfaya-Nationalpark** wissen möchte, findet hier eine Auskunftsstelle.

E5

> **Parque Nacional de Timanfaya**
> **(Ministerio de Medio Ambiente)**
> Calle La Mareta 9, 35560 Tinajo
> ℂ 928 11 80 35, Mo–Fr 9–14.30 Uhr

> **San Roque**
> Am Dorfplatz, Tinajo
> Eine der schönsten Kirchen der Insel, zweischiffig mit angebauter Taufkapelle, dort ein steinernes Taufbecken. Hauptschiff mit blau-roter Mudéjar-Decke, an der Hauptaltarwand ein Kruzifix des grancanarischen Künstlers Luján Pérez.

> **El Tenique**
> Careterra Arrecife-Tinajo, Tiagua
> ℂ 928 52 98 56, tägl. 12–24 Uhr, So abends, Mo geschl.

Eine der schönsten Kirchen der Insel: San Roque in Tinajo

Hier treffen sich die Luchadores. Kanarische Küche mit fangfrischem Fisch, Gambas in Knoblauch und Zicklein vom Ofen. €€–€€€

Ausflugsziele:

 Islotes de Punta Gaviota

Abenteuerlich wird es im Westen von Tinajo bei der Fahrt zu den Islotes de Punta Gaviota. *Islotes* sind helle Flächen in der schwarzen Lava-Landschaft, die im 18. und 19. Jahrhundert gebildet wurden. Das helle Gestein ist ausgebleichter Vulkanboden aus vorgeschichtlicher Zeit. Er ist bereits mürbe, fruchtbarer Untergrund, im Gegensatz zum *Malpaís*, dem kargen Lava-Land. So hat die endemische Flora die Islotes überwunden: der bizarre Strauch *Moquins Traganum* mit fleischigen, wasserhaltigen Blättern, die Blattlose Wolfsmilch, die fleischige Oleanderblättrige Kleinie und die pralle Filzige Steppenmelde, dazwischen, vor dem ständigen Wind geduckt, eine Geranienart, der rot blühende Malvenblättrige Reiherschnabel.

Zunächst fährt man von Tinajo etwa dreieinhalb Kilometer nach Westen. Am Anfang sind noch mühsam bewirtschaftete kleine Lapilli-Felder zu entdecken, Trockenfeldanbau für Tomaten, Mais und Kürbisse, ein paar Lavamäuerchen für Wein und Feigenbäume. Bei der **Montaña Teneza** (268 m) geht es an der Gabelung asphaltiert rechts ab etwa vier Kilometer zur Playa Teneza mit Ferienhäusern für Einheimische. Die unbefestigte Piste an der Gabelung geradeaus führt nach acht Kilometern zur schwarzen **Playa Las Malvas**, einen Kilometer weiter stiebt die Brandung gegen die ebenfalls schwarze **Playa de la Madera**.

Beide Buchten haben etwas dunklen Sandstrand, jedoch besteht für Schwimmer dort keine Chance. Hier herrscht das elementare Chaos, hier tost das Meer gegen karstige Basaltklippen, hier hat die Kraft des Wassers Grotten und Höhlen aus dem Gestein gemeißelt. Naturfreunde finden ihr Erlebnis, und Angler peitschen die Schnur ihrer langen Ruten in das aufbrausende Meer. Für Badefreunde gibt es trotzdem ein Angebot: Kleine Felsenpools, von den Wogen nur leicht gestreift, haben sich an der Küste im Lavagewirr gebildet.

DER NORDEN

Der nördliche Teil Lanzarotes bietet besonders viel Abwechslung, seien es kontrastreiche Landschaften oder von Menschenhand geschaffene Naturkunstwerke. Dazu gehören in erster Linie die von Manrique begehbar gestalteten Lavahöhlen **Jameos del Agua** und **Cueva de los Verdes**, ebenso der **Mirador del Río**, einer der schönsten, in den Fels integrierten Aussichtspunkte.

E3/4

E4

E3

Von dort oben schweift der Blick über die **Salinas del Río** zum bewohnten Inselchen **La Graciosa** und über die Steilküste des **Risco de Famara** bis zur von hohen Wellen bedrängten **Playa de Famara**. Im Zentrum des Nordostzipfels kontrastieren sattgrüne Kakteen mit dunklem Lapilli-Böden und strahlend weiß gestrichenen Häusern. Mitten drin, im für Lanzarote überraschend fruchtbarem **Tal der 1000 Palmen,** liegt das schöne Dorf **Haría**.

Arrieta

Nördlich von Costa Teguise liegt der kleine Fischerort, bekannt wegen seiner guten Fischrestaurants. Am Kreisverkehr mit Manriques rotem Windspiel (1992) geht es rechts ab. Vor dem Ortskern breitet sich die inzwischen gepflegte **Playa de la Garita** mit sanitären Anlagen und zwei Strandrestaurants aus, durch eine Fußgängerbrücke mit dem Ort verbunden. Am nördlichen Ende zieht die **Casa Juanita**, auch Blaues Haus genannt, die Blicke auf sich. Ein Prinz soll seine Geliebte an diesen abgelegenen Ort verbannt haben. Nach ihrem Tod hatten die Nachbesitzer wenig Glück, keiner hielt es hier lange aus. Nun steht der kostbare Pavillon leer. Rund einen Kilometer nördlich liegt der Fischerort **Punta Mujeres** mit kleinen hellen Sandbuchten; Kinder können hier sorglos planschen.

César Manriques feuerrotes Windspiel am Kreisverkehr bei Arrieta

Im Fischerdörfchen Arrieta: Blick von der Playa de la Garita auf die Casa Juanita, auch »Blaues Haus« genannt

Endemische Flora und Fauna

Fauna und Flora haben sich perfekt an die Bedingungen der Insel angepasst und verfügen über eine hohe Endemik, d.h. ein einzigartiges Vorkommen nur auf Lanzarote. Das betrifft 17 Prozent der Pflanzen, 60 Prozent der Nistvögel, 40 Prozent der Insekten und 100 Prozent der Reptilien.

Die meisten Chancen zu überleben haben auf der trockenen Insel wasserspeichernde Pflanzen – die Sukkulenten. Dazu gehört auch die glitzernde, rot blühende **Kristall-Mittagsblume** *(Mesembryanthemum crystallinum)*, auch Sodapflanze genannt, die nach dem wenigen Regen aus dem Boden quillt. Auf der Vulkanasche fallen vor allem die runden Büsche der **Balsam-Wolfsmilch** *(Euphorbia balsamifera)* auf. Auch aus der **Kandelaber-Euphorbie** *(Euphorbia canariensis)*, die besonders in kultivierten Gegenden auffällt und wegen ihrer Dornen immer wieder mit einem Kaktus verwechselt wird, quillt Wolfsmilch. Am Rande der Pisten strahlen die gelben Blüten des **Strauch-Dornlattichs** *(Launaea arborescens)*, aus vulkanischen Felsen quellen hellgrüne Rosetten mit pyramidenförmigen gelben Blüten – das endemische Dickblattgewächs *Aeonium lancerottense,* ein Verwandter des **Gewelltblättrigen Aeoniums**.

Zur Tierwelt zuerst die beste Nachricht: Es gibt keine giftigen Schlangen und Skorpione. Jedoch entdeckt man auf Wanderungen Eidechsen, Geckos und Blindschleichen. Unter den Säugetieren finden nur Hase und Igel ausreichend Nahrung. Die Insektenwelt ist mit Grillen, Heuschrecken, Schmetterlingen und Libellen vertreten. 30 Vogelarten haben die Lüfte erobert: Amseln, Blaumeisen, Bussarde, Eulen, Falken, Finken, Möwen, Raben, Spatzen und Wildtauben. Den gelben Kanarienvogel sucht man vergebens, er ist eine Zuchtform. Es gibt jedoch die unscheinbare Wildform, den graubraunen, den Sperlingen ähnlichen Girlitz.

Dickblattgewächs »Aeonium lancerottense« (l.) und der Lanzarote-Hornklee (r.)

El Lago
Calle Los Morros 27, Arrieta, nahe Punta Mujeres
℡ 928 84 81 76, Mi–So 12–21 Uhr, Mo/Di geschl.
Feines Restaurant mit Terrasse, Vulkansteinbecken mit Langusten und Muscheln. Spezialitäten: *Zarzuela* und *Caldo de pescado*. Touristenmenü €€, sonst €€€.

Amanecer
Calle La Garita 46, Arrieta
℡ 928 84 83 90, tägl. außer Do 12–20 Uhr
Einfaches Familienrestaurant mit Terrasse am Meer, stets frischer Fisch. Spezialitäten: frische Seezungen (Jan./Feb.) und Calamares (Nov./Dez.). €€–€€€

Zwei Restaurants liegen am Playa de la Garita, das **Chiringuito Beach** mit Grill und frischem Fisch sowie die einfachere **Casa de la Playa**. €€

Tres Lunas
Calle Las Salinas s/n, Punta Mujeres
℡ 928 17 34 16
Tägl. 12–20 Uhr
Restaurant mit Terrasse am Meer, frischer Fisch und
Paella. Preiswert. €

C9

Ausflugsziele:

 Cueva de los Verdes
Westl. bzw. landeinwärts von den Jameos del
Agua
℡ 928 84 84 84, tägl. 10–19 Uhr, letzte Führung 18 Uhr
Eintritt € 9/4,50 (7–12 J.)
In der Nachbarschaft zu den Jameos del Agua (vgl. S. 46)
liegt die Cueva de los Verdes in einem sieben Kilometer langen Höhlensystem zwischen dem Vulkan Corona und dem Meer. Etwa ein Kilometer ist begehbar,
die Führung in Gruppen dauert rund 40 Minuten, Er-
klärungen auf Spanisch und Englisch. Bizarre Felsfor-
mationen, gestreifte Lavawände, wild verstreute Vulkanbrocken, übereinander liegende Galerien und von
der Decke wie dicke Schokolade herabhängende La-
vatropfen erwarten den Besucher. Im Konzertsaal wurden früher vor 300 Zuhörern Musikfeste veranstaltet,
am Ende der unterirdischen Tour überrascht die Kathedrale mit beängstigenden Lavafiguren und einer
optischen Täuschung, die hier nicht verraten wird.

C9

 Valle de Temisa
Südlich von Arrieta führt eine Asphaltstraße
nach Westen ins Landesinnere. Wer eine abwechs-
lungsreiche, für den Norden typische Tallandschaft erleben möchte, sollte im ersten Ort, in **Tabayesco**, die
Hauptstraße verlassen und auf einer staubigen Piste
mitten durch das Tal fahren oder wandern. Schwarze
Lapilli-Felder ziehen sich die Hänge hoch, auf denen im

C8/9

Ein imposantes Höhlensystem: die Cueva de los Verdes

Trockenfeldbau Mais, Kartoffeln und Linsen wachsen. Hinter Steinmäuerchen suchen Feigenbäume Schutz, kleine Weingärten, kunstvolle Lavamauern und einige Mandelbäume setzen grafische Akzente. Am Wegesrand blühen der blaue Natternkopf, der gelbe Seidenhaarige Goldstern und die hellgrünen Wolfsmilchbüsche der Tabaiba (Balsam-Euphorbie). Nach etwa acht Kilometern geht es wieder hoch zur Asphaltstraße Richtung Haría. Der ausgewaschene Weg eignet sich jedoch nur für Geländewagen.

Guatiza

E9

Nördlich der Costa Teguise führt die Asphaltstraße LZ 1 durch den Ort Guatiza, der inmitten großer Kakteenfelder liegt, die sich bis zum Nachbarort **Mala** hinziehen. Die Opuntien waren früher ein wichtiges Wirtschaftsgut der Insel, an ihren Blättern wurde die Koschenille-Laus gezüchtet, deren Larven den wertvollen Farbstoff Karmin für Lippenstifte, Fruchtsäfte und Liköre liefern (vgl. Kasten S. 43).

Manche Bauern schaben immer noch die Tierchen von den ohrenförmigen Blättern ab, trocknen sie und warten ab, bis die Weltmarktpreise wieder steigen. Augenblicklich ist die Konkurrenz aus Süd- und Mittelamerika noch zu stark.

 ❺ Jardín de Cactus
 Am Ortsende von Guatiza Richtung Mala
Tägl. 10–17.45 Uhr
Eintritt € 5,50/2,75 (7–12 J.)
Wieder ein Werk von César Manrique, der mitten in den Opuntienplantagen einen aufgelassenen Stein-

Im Jardín de Cactus sind zahlreiche Kakteenarten zu bewundern

Karmin im Saft und an den Lippen

Im nördlichen Teil der Insel, besonders auf der Strecke Guatiza-Mala (vgl. S. 42), fallen Gärten mit Opuntien auf, deren ohrenförmige Blätter oft mit weißen Flecken übersät sind. Die Kakteen wurden im 16. Jahrhundert wegen der schmackhaften Früchte nach Lanzarote gebracht. Als im 19. Jahrhundert der Weinbau durch Mehltau und Reblaus zugrunde ging, retteten Opuntien die Wirtschaft. Man erinnerte sich an die in Mexiko übliche Gewinnung von Karmin, dem Saft eines Schädlings. Diesen roten Farbstoff benötigte die wachsende Textilindustrie dringend.

So wurde die Koschenille, eine Schildlaus, auf Lanzarote angesiedelt. Der Vorgang: Das männliche Insekt stirbt nach der Befruchtung; das ermattete, flügellose Weibchen wird, damit es nicht vom Saft naschen kann, in Baumwollsäckchen gepackt und an die fleischigen Opuntienblätter geheftet. Durch das Gewebe hindurch legt die Koschenille ihre Eier auf den stacheligen Blättern ab. Sind die Larven geschlüpft, saugen sie sich mit dem Saft der Pflanze voll, werden abgeschabt und getrocknet. Aus dieser Masse wird dann der Farbstoff Karmin hergestellt, der vor allem seit der wachsenden Sensibilität gegenüber chemischen Zusatzstoffen in Lebensmitteln auch zur Färbung von Säften, Likör und Lippenstiften verwendet wird. Die Begriffe Karmesin oder Karmesinrot bezeichnen einen leicht bläulichen Rotfarbton. Übrigens: Die weißen Flecken, die an der Opuntie zurückbleiben, sind die Häute der Larven.

bruch in einen botanischen Garten verwandelte. Mehr als 10 000 Pflanzen 1400 verschiedener Spezies gedeihen auf vulkanischem Lapilli. Über dem Kaktusgarten bewegt eine restaurierte Gofio-Mühle ihre Flügel. Zum Garten gehören auch ein Restaurant mit Bar und ein Buchladen.

 Don Quijote
Calle el Rostro 1, Mala
☏ 928 52 93 01, So–Fr 12–22 Uhr
Terrassen-Restaurant mit kanarisch-spanisch-mediterraner Küche. €€

D9

Guinate

B8

Auf dem Weg vom Mirador del Río Richtung Haría geht es vorbei an kleinen Kartoffelfeldern, auch etwas Mais und Wein wird angebaut, viele Bauernhäuser sind verlassen – Landwirtschaft wird nur noch als Freizeitbeschäftigung betrieben. Gegenüber vom fast kreisrunden Vulkan **Montaña Corona** (609 m) zweigt im Flecken Guinate ein Sträßchen westwärts zum **Tropical Park** ab, einem Ausflugsziel für die ganze Familie. Der Weg zur Küste endet am **Mirador de Guinate** mit hinreißendem Blick über den steilen Risco de Famara und zur Insel La Graciosa. Ein Ziegenpfad führt mühselig abwärts zum verlockenden Sandstrand von La Bahía.

 Tropical Park
Am nördlichen Rand von Giunate
 ☏ 928 83 55 00, www.guinatepark.com
Tägl. 10–17 Uhr, Eintritt € 14/6 (4–13 J.)

Gärten mit Bächen, Wasserfällen und Lagunen bilden die Heimat für tropische Pflanzen und Tiere: viele Papageien, Tukane, Kanarienvögel, Sittiche und Zebrafinken, aber auch Erdmännchen und Humboldt-Pinguine. Lustig ist die Fütterung der Pinguine (tägl. außer Do 12 und 16 Uhr).

❻ Haría

C8

Mitten im Nordostzipfel der Insel liegt das durch Manriques Wirken in seiner Architektur inseltypisch gebliebene Dorf: weiße kubische Häuser mit Fensterläden und Türen in den Farben der Insel, Grün für die Pflanzenwelt, Braun für die Vulkane, Blau wie der Himmel und das Meer. Mitten im Ort reizt die schattige **Plaza León y Castillo** zu einer Rast. Neben der Kirche befindet sich das **Museo Sacro** mit wertvollen Kirchenschätzen.

Ein reizvolles Fotomotiv bietet die mit Bougainvilleen geschmückte **Plaza de la Constitución**. Das schlichte Grab des Künstlers Manrique auf dem Friedhof soll eines Tages in den Garten seines letzten Wohnsitzes am südwestlichen Dorfende verlegt werden – sobald dort das geplante Kulturzentrum entstanden ist.

Im **Tal der 1000 Palmen** stehen stolze Kanarische Dattelpalmen, deren Früchte allerdings nicht reif werden. Auf Lapilli-Feldern werden Kartoffeln, Kohl und Linsen angebaut; Wanderwege erschließen die überraschend grünen Wunder. Einen Höhepunkt bei diesen Spaziergängen bietet der **Barranco de Fenesía** westlich von Haría, hier stehen die schlanken Bäume am dichtesten, und man möchte fast glauben – was manche Einwohner behaupten –, dass es rund um den Ort 3000 Palmen gibt. www.ayuntamientoharia.com

 **Museo de Arte Sacro**
Plaza de Haría 1, Haría
✆ 928 83 50 11
Tägl. außer So 9–15 Uhr, Eintritt € 3 (ab 12 Jahre)
Höhepunkt der kirchlichen Schätze ist die Skulptur Mariä Krönung des Künstlers José Luján Pérez, außerdem Goldschmiedearbeiten, Monstranzen, Kultkelche und ein Prozessionskreuz.

Dos Hermanos
Plaza León y Castillo s/n, Haría
✆ 928 83 54 09, tägl. 11–20 Uhr
Kanarische Küche, auch Zicklein. €€

El Cortijo
El Palmeral 6, am südlichen Ende von Haría
✆ 928 83 56 86, tägl. durchgehend geöffnet
Beliebtes Ausflugslokal mit rustikal eingerichteten Räumen, auch Tische im Freien, kanarische Gerichte. Spezialitäten: Ferkel aus dem Ofen, Zicklein, Kaninchen. €€

Im Tal der 1000 Palmen: Haría

 Artesania Haría, Taller Municipal de Artesania
Calle Barranco de Tenesia s/n, Haría
Di–Sa 10–13 und 16–19, Mo nur 10–13 Uhr, So geschl.
Werkstätten lokaler Künstler mit Verkauf von Kunst-
handwerk: Leder, fantasievoller Schmuck, Keramik,
Stickerei. Mit Stickerin bei der Arbeit.

Ausflugsziele:

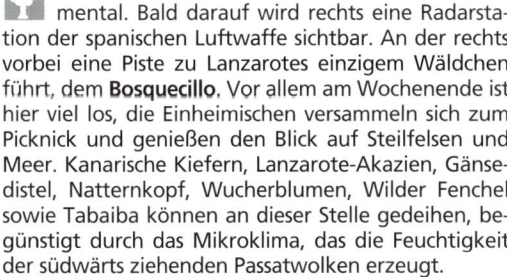 **El Bosquecillo und Ermita de las Nieves**
Südlich von Haría an der LZ 10 liegt der **Mirador
Los Helechos** (Restaurant) mit Blick auf das Pal-
mental. Bald darauf wird rechts eine Radarstation der spanischen Luftwaffe sichtbar. An der rechts
vorbei eine Piste zu Lanzarotes einzigem Wäldchen
führt, dem **Bosquecillo**. Vor allem am Wochenende ist
hier viel los, die Einheimischen versammeln sich zum
Picknick und genießen den Blick auf Steilfelsen und
Meer. Kanarische Kiefern, Lanzarote-Akazien, Gänse-
distel, Natternkopf, Wucherblumen, Wilder Fenchel
sowie Tabaiba können an dieser Stelle gedeihen, be-
günstigt durch das Mikroklima, das die Feuchtigkeit
der südwärts ziehenden Passatwolken erzeugt.

Ein zweiter Weg links von der Radarstation führt zur
Ermita de las Nieves, einer schlichten, einschiffigen Kapelle. Sie steht auf einem Plateau, von dessen Rand sich
ein einmaliger Blick bietet: die Steilküste und Teile von
La Graciosa im Nordwesten, El Jable, das glimmernde
Sandgebiet im Westen, im Südwesten ist Teguise mit
seinem Castillo, weiter südlich Arrecife auszumachen,
im Osten schließlich die Küste von Arrieta.

 D8

César Manriques Krebs-Skulptur für die Jameos del Agua

C9

❼ Jameos del Agua

Im äußersten Nordosten der Insel, in Nachbarschaft zu den Cuevas de los Verdes, liegen die berühmten Jameos del Agua, Teil eines sieben Kilometer langen Grottensystems. Man erreicht die Sehenswürdigkeit nördlich von Costa Teguise über die LZ 1, an der zweiten Kreuzung bei Arrieta nach Nordosten, also nach rechts abbiegen, es ist gut gekennzeichnet.

Das Natur-Architektur-Kunstwerk bietet nicht nur vulkanische Erlebnisse, hier kann man auch Konzerte und Folklore-Shows genießen sowie tanzen und schmausen. Im Mittelpunkt befindet sich die **Jameo** (altkanarisch für nach oben offener Einbruch) mit Bar, Restaurant und Tanzfläche. Eine Stufe tiefer ist ein kleiner **Salzwassersee** zu bewundern, in dem blinde **Albinokrebse** *(Munidopsis polymorpha)* leben, die durch ein Seebeben aus den Tiefen des Meeres hochgeschleudert wurden.

Im Museum **Casa de los Vulcanes** mit seismografischer Messstation und Konferenzraum werden die Besucher über Vulkanologie und Lanzarotes Pflanzenwelt, vor allem Sukkulenten, informiert. Im unterirdischen **Auditorium** werden regelmäßig Konzerte, Klassik und Pop aufgeführt.

 Jameos del Agua
Nordöstlich von Arrieta
✆ 928 84 80 24 (Auskunft und Platzreservierung)
Besichtigung des Höhlensystems (mit Cafeteria) tägl. 10–18.30, Eintritt € 9/4,50 (7–12 Jahre), Di und Sa Abendessen mit Folklore von 19.30–22.30 Uhr. €€€

Jameos del Agua: ein sieben Kilometer langes Grottensystem

Die windige Playa de Famara zu Füßen des Las Peñas del Chache

Ausflugsziel:

 Quesera de Bravo
50 m oberhalb Jameos del Agua zweigt in Richtung Cueva de los Verdes ein Trampelpfad nach links (südwärts) durch das Malpaís von der Straße ab. Er endet nach etwa 100 m auf einem Lavahügel bei der Quesera de Bravo, einer altkanarischen Kultstätte. Wissenschaftler streiten über die Bedeutung: Eine Reihe mit Vertiefungen deutet auf Mörser hin, zum Stampfen von Korn oder der Tabaiba, dem Wolfsmilchgewächs, dessen Saft für Heilzwecke und zum Fischfang genutzt wurde. Einleuchtend ist die Ansicht, es sei ein **Opferaltar der Guanchen** gewesen, die den Göttern Tierblut oder Milch opferten, damit endlich Regen falle. Der irreführende Begriff *Quesera* ist abgeleitet von einem ähnlichen Ablaufsystem für Molke bei der Käseproduktion. Frei zugänglich.

C10

La Caleta de Famara
Rund acht Kilometer nördlich von Teguise endet die Straße an der windigen **Playa de Famara**. Eine alte Windmühle markiert den Strand, rechts oben liegt die renovierte **Urbanización de Famara**. Der Strand eignet sich eher zum Sonnenbaden, durch starke Wellen und Unterströmungen ist das Baden oft zu gefährlich. Windsurfer jedoch schätzen diese Ecke Lanzarotes. Am Ende der Bucht, im Westen, liegt das Fischerdorf **La Caleta de Famara**, durch Treibsand mit etwas Westernstimmung versehen, die Fischrestaurants lohnen einen Besuch.

 D7

 Restaurante Sol
Calle Salvavidas, 48, La Caleta de Famara
℗ 928 52 87 88, www.restaurantesolfamara.com

D7

Wunderbar am Meer und doch in der Ortsmitte gelegenes Terrassenrestaurant in maritimem Look. Bekannt für Meeresfrüchte, reiche Fischplatten, Reisspezialitäten und eine passende Weinauswahl. €€€

Casa de Ramón
Im Ortskern, La Caleta de Famara
℃ 650 42 37 04, Di geschl.
Einfache, aber gute Küche. Den ganzen Tag werden warme Gerichte zubereitet, darunter nicht selten frischer Fisch. €€

L/M 11/12

❽ La Graciosa
Das zauberhafte Inselchen im Norden ist von Orzola aus erreichbar. Das Boot landet im stimmungsvollen Hauptort **Caleta del Sebo**. Hier gibt es gute Restaurants und einen Mini-Supermarkt, Verleihstationen für Mountainbikes und Anbieter von Jeep-Touren. Naturfreunde suchen auf der asphaltfreien Insel die vielen landschaftlichen Attraktionen auf: Buchten, Strände, Steilküsten und Klippen.

Blick vom Mirador del Río auf die kleine bezaubernde Insel La Graciosa

Molino und Molina

Auf dem Weg durch Lanzarotes Dörfer sieht man immer wieder Getreidemühlen, zum Teil sorgfältig restauriert. Die maskuline Bezeichnung *Molino* gilt für die kegelförmigen Gebäude, an deren drehbarem Turm die Windflügel angebracht sind. Darunter gibt es einen Raum für das vertikale Zahnrad, das die durch den Wind erzeugte Energie auf die Mühlsteine überträgt, auf die über einen Trichter das Getreide geschüttet wird. Im ersten Stock fällt das Mehl in Säcke, das Erdgeschoss ist Lagerraum für Getreide und Mahlgut. Weil starke Männer die Säcke bis nach oben schleppen müssen, erhielt dieser Typ die männliche Form *Molino*.

Das weibliche Gegenstück, die *Molina*, ist etwas bequemer. In einem ebenerdigen Raum befinden sich Mühlstein und Mehlauffang. Auf dem Dach des Mahlraums steht ein sechs Meter hoher Holzturm mit dem Windrad. Ohne viel mechanische Übertragung werden die Mahlsteine in Bewegung gebracht. Mit wenig Kraftaufwendung kann die treppenlose Konstruktion auch von Frauen bedient werden, deshalb das weibliche *Molina*.

Die schönsten Playas (im Uhrzeigersinn, südwestlich Caleta del Sebo beginnend):
Bahía del Salado – hinter der Punta Corrales, bei Sonnenanbetern sehr beliebt, bei Ebbe findet man in den

M11

Vertiefungen der aus dem Wasser tretenden Felsplatten Schnecken, Muscheln, Krebse und oft auch kleine Fische.

M11 **Playa Francesca** – großer Strand, zum Baden gut geeignet.

M11 **Playa de la Cocina** – hinter hohen Dünen erreichbar, von mehrfarbigen Felsen und der (gelben) Montaña Amarilla eingerahmt, ein Platz für FKKler.

L11 **Playa de las Conchas** – im Norden der Insel, wunderschöner weißer Sandstrand aus zermahlenen Muscheln *(conchas)*. Badende sollten bei starkem Wind auf die Atlantikwellen achten. Von hier aus sind die unbewohnten Nachbarinseln zu sehen.

L11 **Los Caletones** – am nördlichen Kap, der Punta Gorda, ein Fjord im schwarzen Basaltfelsen mit Basaltbrücke, ein zischendes, sprühendes Schauspiel aus Wellen und Fels.

L12 **Caleta de Pedro Barba** – der Strand gehört zum inzwischen zu einem Feriendorf umgewandelten früheren Fischerort Pedro Barba.

M12 **Casa Chano**
Avda. Virgen del Mar 113, am westlichen Ende von Caleta del Sebo, La Graciosa
℡ 928 84 20 68
Kleines Restaurant in andalusischem Stil, gute kanarische Küche. €€

 El Marinero
Calle García Escamez 14, Caleta del Sebo
La Graciosa
℡ 928 84 20 70, tägl. ab 10 Uhr bis spät
Einfache Kneipe, vorwiegend Fischgerichte, aber auch Tapas und schön belegte Brote zum Mitnehmen. €€

Überfahrt von Lanzarote
Angaben vgl. Orzola, S. 53.

La Santa

D5 Sportlich geprägte Urlauber wissen das einmalige Sportzentrum an der Nordküste der Insel zu schätzen. Nicht nur aktive Touristen, sondern auch Profis trainieren im Club. Kaum eine Sportart, die es nicht gibt und für die keine Kurse angeboten werden: Volley-, Basket-, Hand- und Fußball, Badminton, Squash und Tennis (zehn Plätze). Alle olympischen Leichtathletik-Disziplinen außer Hammerwerfen können im Stadion geübt werden, für Schwimmer steht ein Olympia-Schwimmbecken zur Verfügung. Für Taucher und Windsurfer wurde eine zwei Kilometer lange Lagune angelegt, Kinder finden eine Pool-Landschaft vor, täglich gibt es Aerobic-Übungen, Minigolf ist vorhanden, Mountainbikes können gemietet werden, ebenso Autos. Auch Fitness- und Gewichttraining sowie Gesundheitschecks sind möglich.

Club La Santa
Urbanización La Santa, 8 km nördlich von Tinajo
℡ 928 59 99 99
www.clublasanta.de
 Zentrum für alle Sportarten (vgl. oben), 400 komfortable Apartments, mehrere Restaurants, Pizzeria, Strandclub und Diskothek, Shoppingcenter.

Eiskraut am Mirador del Río

D8

Los Valles

Das hübsche, gepflegte Dorf inmitten fruchtbarer Terrassenfelder liegt zwischen Haría und Teguise an der LZ 10. Südlich des Ortes lohnt der imposante **Parque Eólico** einen Stopp. Etwa 60 Windräder rauschen inmitten einer wunderschön mit einheimischen Pflanzen geschmückten Anlage. Der gewonnene Strom wird über ein 20 000-Volt-Kabel unterirdisch zur 16 Kilometer entfernten Meerwasser-Entsalzungsanlage an der Ostküste geleitet. Trotz schweren Schäden durch Sturm und Korrosion (2004) wurde die Kapazität inzwischen um 46 Prozent erweitert.

Oberhalb von Los Valles, vorbei an Kartoffel-Terrassen und gigantischen Agavenblüten bietet der **Mirador de los Valles** einen interessanten Rundblick und die Möglichkeit zur Einkehr.

 Mirador del Valle
An der LZ 10, km 13, oberhalb von Los Valles
℡ 928 52 80 36
Restaurant in einem 100 Jahre alten Bauernhaus und seinen Anbauten, mit Panoramaterrasse und kanarischen Spezialitäten (Kaninchen, Lamm, Fisch). €€

Mala

Vgl. Guatiza, S. 42 f.

Mirador del Río

Im Norden der Insel, dort wo die LZ 1 und die LZ 10 aufeinander treffen, hat César Manrique in 475 Metern Höhe einen der schönsten Aussichtspunkte in den Berg **Batería Grande** gemeißelt. Vom Hauptraum mit Panoramafenster fällt der Blick auf die grazile Insel La Graciosa mit ihren trichterförmigen Vulkanen. Noch breiter ist die Aussicht vom Dach aus oder von der Terrasse vor dem Fenster.

Unterhalb des Meisterwerks von Natur und Mensch zieht sich der 15 Kilometer breite **Risco de Famara** entlang, ein steiler Bergrücken mit endemischen, also vorwiegend nur hier gedeihenden Pflanzen. An der Küste sind die stillgelegten **Salinas del Río**, durch winzige Krustentiere rosa gefärbte Salzwasserbecken, auszumachen.

Vogel und Fisch stellt Manriques Skulptur für den Aussichtspunkt Mirador del Río dar

A8/9

Vom Mirador del Río hat man aus 475 Metern Höhe einen wunderschönen Ausblick auf die Insel La Graciosa

Mirador del Río
Im äußersten Norden, Treffpunkt der L1 und LZ 10
Tägl. 10–17.45 Uhr
Eintritt € 4,50/2,25 (4–12 J.)

Cafeteria Mirador del Río
© 928 52 65 48
Bartheke mit Snacks und Getränken, mehrere Tische und Kaminecke.

Orzola

Von Arrieta führt die Küstenstraße nordwärts durch das bizarre, wilde **Malpaís de la Corona**, durch Lavaergüsse geschaffenes »schlechtes Land« *(malpaís)*. Der schwarze Strom hat am Meer kleine Buchten freigelassen, teilweise mit weißem Sand gefüllt, leicht von der Straße aus zu Fuß zu erreichen. Wer sein Lager zu nahe am Wasser einrichtet, sollte auf die Gezeiten achten.

Auf der Weiterfahrt wird eine Düne durchquert, die manchmal das Asphalt unter sich begräbt. Dann ist das Hafenstädtchen Orzola erreicht, ein begehrtes Ziel für Liebhaber frischer Fisch- und Muschelgerichte. Am Hafen, Startplatz zur Insel La Graciosa, hängen Fische an Leinen zum Trocknen.

 Playa de la Cantería
Nordwestlich von Orzola, zu Fuß erreichbar, einige sandige Abschnitte zwischen steilen Lavafelsen, bei Bodysurfern beliebt.

Bahía de Orzola
Calle La Quemadita 3, Hafenpromenade, Orzola
© 928 84 25 75, ab 10 Uhr
Freundliches Fischlokal, stets frische Ware, preiswerte Tagesmenüs. €–€€

El Norte
Calle Embarcadero 6, Orzola
© 928 84 25 90, ab mittags durchgehend, Fr geschl.
Fleisch-, Fisch- und Reisgerichte. €–€€

Os Gallegos
Calle La Quemadita 6, Orzola
© 928 84 25 02, ab mittags durchgehend, Di geschl.
Frischer Fisch, frisches Gemüse. €

Fähre nach La Graciosa
Lineas Marítimas Romero, im Hafen von Orzola
© 928 84 20 55, www.lineasromero.com
Abfahrt tägl. 10, 11, 12, 13.30, 16, 17 und 18 Uhr, zurück von La Graciosa 8, 10, 11, 12, 15, 16 und 17 Uhr, im Sommer zusätzliche Fahrten, Fahrzeit ca. 30 Minuten.

Ausflugsziel:

Las Pardelas
Carretera Orzola–Yé, km 1
© 928 84 25 45, www.pardelas-park.cpm
Tägl. 10–18, im Sommer bis 19 Uhr

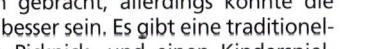

Eintritt € 3/2,40 (3–12 J.), Eselritt € 3
Freizeitpark an der Straße nach Los Molinas. Inmitten der bizarren Vulkanlandschaft wurde die Flora der Insel zum Gedeihen gebracht, allerdings könnte die Pflege der Anlage besser sein. Es gibt eine traditionelle Töpferei, einen Picknick- und einen Kinderspielplatz, Eselreiten und auch ein preisgünstiges Tapas-Restaurant.

A9

Punta Mujeres
Vgl. Arrieta, S. 39.

Tabayesco
Vgl. Ausflugsziel von Arrieta, S. 41.

Valle de Temisa
Vgl. Ausflugsziel von Arrieta, S. 41.

DER SÜDEN

Lanzarotes Süden ist das Hauptgebiet für Strandurlauber. Die Wahl hat man zwischen dem turbulenten **Puerto del Carmen** und dem am Ende der Insel baulich aus den Fugen geratenen **Playa Blanca**. Wer anderes sucht, der geht zum schwarzen Sandstrand der **Playa Quemada** oder zu den weißsandigen **Playas de Papagayo**, die aber längst kein Geheimtipp mehr sind.
Ausflüge führen in das hübsche Städtchen **Yaiza** mit dem benachbarten Kamel-Standort **Uga**, zu den

Salinen von Janubio, zur gischtenden Lavaküste von **Los Hervideros** und zum Vulkankrater **El Golfo** mit dem grünen **Charco de los Clicos.** Höhepunkt aber ist ein Besuch des **Parque Nacional de Timanfaya**, des Zentrums der vielen Vulkanausbrüche, heute gefahrlos mit dem Sightseeing-Bus zu erleben.

El Golfo

G2

Vom Süden kommend führt die Straße durch unwirtliches Malpaís, in dessen zerfurchtem, schwarzbraunem Antlitz höchstens ein paar Sukkulenten und etliche Flecken Algen Abwechslung bieten. Dann geht es steil abwärts zur Küste und die Straße endet an einem großen Parkplatz. Ein Stück Fußweg noch, dann liegt der Vulkankrater **El Golfo** mit dem grünen **Charco de los Clicos** (*charco* = Tümpel, Pfütze), wegen seiner grünen Farbe auch *Lago Verde* genannt, unten am Meer. Ein langer schwarzer Kiesstrand trennt Lagune und Ozean. An der Stelle des Kiesstreifens stand ursprünglich eine steile Wand. Durch einen untermeerischen Vulkanausbruch im Pleistozän hatte sich ein Krater gebildet, dessen halbkreisförmige Caldera-Wand bergwärts übrig geblieben ist. Das Gestein zur Seeseite musste sich der Kraft der Wellen beugen. Der entstandene Halbkrater füllte sich mit Wasser, Algen geben ihm seine smaragdene Farbe. Wer das Naturwunder näher betrachten will, findet einen Trampelpfad abwärts.

Fährt man die Straße zurück und umrundet den Berg aus Lava, Basalt und Tuff, erreicht man den kleinen Fischerort **Casas El Golfo**. Auch von dort aus führt ein Fußweg zum grünen See. Auf dem Weg in den Ort reiht sich ein Fischrestaurant an das nächste. Schlemmer kommen von der ganzen Insel, um hier frischen Fisch und Meeresfrüchte – und den atemberaubenden Sonnenuntergang – zu genießen.

Am schwarzen Strand von El Golfo

Bogavante (früher Placido)
Avda. Marítima 27, Casas El Golfo
☎ 928 17 35 05, www.restaurantebogavante.es
Tägl. 11–21 Uhr
Restaurant mit Terrasse am Meer. Frischen Fisch kann man aus dem Kühlschrank wählen, auch Fleischgerichte. €€€

 G2

 Costa Azul El Golfo
Avda. Marítima del Golfo 7, Casas El Golfo
☎ 928 17 31 99, tägl. ab 11 Uhr durchgehend, Juni geschl.
Luftiges Terrassenrestaurant am Ortseingang. Frischer Fisch, köstliche Meeresfrüchte. €€€

 El Golfo
Am östlichen Ortsausgang von Casas El Golfo
☎ 928 17 31 47
Großes Terrassen-Restaurant, freundlicher Service. Fisch- und Fleischgerichte, Paella, typische Arrozes. €€€

Femés

Das kleine Bergdorf in 361 Metern Höhe hat eine interessante Geschichte. 1402 siedelten Jean de Béthencourt und seine normannischen Krieger mit Erlaubnis des Guanchenkönigs Guardafía in der Ebene El Rubicón nördlich der Papagayo-Strände beim heutigen Playa Blanca. Sie bauten den heute nicht mehr existierenden Ort El Rubicón mit Wehrturm und der ersten Kapelle der Kanaren, die 1404 zur Kathedrale erhoben wurde. Sie war San Marcial, dem ersten Bischof und Schutzpatron Lanzarotes und besonders der Fischer, geweiht. Durch mehrere Piratenüberfälle im 16. Jahrhundert wurden Ort und Kirche zerstört (vgl. auch S. 57 unter Los Ajaches). Die Lanzaroteños wählten in der Höhe einen sichereren Ort, 1733 wurde die **Ermita de San Marcial** geweiht, rundum wuchs der Ort Femés heran. Er wird auch der »Balkon des Rubicón« genannt, der Blick schweift über die Rubicón-Ebene, über das Bergmassiv Los Ajaches und über Playa Blanca bis hinüber nach Fuerteventura.

H3

 San Marcial de Rubicón
Ortsmitte von Femés, unregelmäßig geöffnet
Wallfahrtskirche mit zwei Portalen aus rotem Vulkanstein, Hochaltarwand mit der Statue des San Marcial, an den Wänden Bootsmodelle, Votivgaben der aus Seenot geretteten Fischer. Am 7. Juli wird zu Ehren des Heiligen ein mehrere Tage dauerndes Fest mit Prozession, Buden und Folklore abgehalten.

 Casa Emiliano
Femés Nr. 34, Femés
☎ 928 83 02 23, Mo geschl.

Abendstimmung in den Salinas de Janubio

Das Salz von Lanzarote

Die Gewinnung von Salz aus Meerwasser war für Lanzarote lange Zeit ein wichtiger Wirtschaftszweig. Die Saline von El Río (Risco de Famara) soll bereits in der Antike bestanden haben. Zu Beginn des 19. Jahrhunderts sollen hier pro Jahr mehr als 500 000 Kilo Salz produziert worden sein. Im gleichen Jahrhundert lohnte sich dann der Aufbau der Salinen von Arrecife oberhalb des Puerto de Naos – die Inselhauptstadt entwickelte sich zum Exporthafen für Salz nach Afrika.

Die Salinen von Janubio im Süden der Insel wurden 1920 gebaut, 100 000 Tonnen des Minerals jährlich gewonnen. Das zur Konservierung von Lebensmitteln unentbehrliche »weiße Gold« verlor nach 1945 mit der Entwicklung neuer Kühlsysteme an Bedeutung, Janubio stellte nach 1960 seine Produktion ein. Inzwischen werden wieder kleinere Mengen gewonnen und verkauft (vgl. S. 55). Das Meerwasser wird mit elektrischen Pumpen – früher lieferten Windmühlen die Energie für den Transport – in große Sammelbecken befördert, dort bleibt es einige Wochen zur Verdunstung durch die Kraft der Sonne. Nach der Umleitung in kleinere Becken verstärkt sich die Verdampfung des Wassers, es bildet sich eine dicke Salzlake, erst jetzt werden die eigentlichen Salinen gefüllt. Ist auch das restliche Wasser verdunstet, wird das weiße Mineral gehäufelt und getrocknet.

Hübsches, gemütliches Restaurant mit Terrasse. Kanarische und internationale Küche, große Portionen. Kaninchen, Zicklein und Lamm, auch Steak. €€–€€€

H3

 Bar Ristorante Femés
Am Ortseingang, Femés
Einfache Kneipe, kleine kanarische Gerichte, auch belegte Brötchen. €

 Quesería Rubicón
Plaza San Marcial 3, Femés
℗ 649 91 12 89, tägl. geöffnet, wenn geschl. klingeln
Preiswerter Käse, eigener Wein, Kartoffeln und Eier.

H2

Las Salinas de Janubio
Vom Osten über Yaiza, von Süden ab Playa Blanca (7 km) erreichbar liegen die Salinas de Janubio, eine

rund zwei Quadratkilometer große Salinenlandschaft mit verfallenen Windmühlen. Die Restaurierung und Produktion hat bereits begonnen, beabsichtigt ist, hier ein Industriedenkmal zu schaffen.

Südlich der Salinen wird auf die **Playa del Janubio** hingewiesen, eine schwarze Schönheit mit Lavafelsen und dunklem Sand, wegen der stürmischen Wellen mehr mit dem Auge zu genießen. Der durch die Gischt an der Südwestküste sichtbare helle Betonklotz ist die Meerwasser-Entsalzungsanlage für Playa Blanca.

H2

 Almacén de la Sal de Las Salinas
Calle El Golfo s/n, oberhalb der Salinen
www.salinasdejanubio.com, Mo–Fr 7–15 Uhr, Verkauf auch im Restaurant El Mirador über den Salinen Biologisch hochwertiges Janubio-Salz (1 kg = € 1, in den Salinen direkt nur € 0,50).

Los Ajaches

Das Bergmassiv zieht sich vom Pico Naos (415 m), vorbei an Femés bis zum historischen, aber verschwundenen San Marcial del Rubicón und endet sanft an den Playas de Papagayo. In der Ebene durfte 1402 der Normanne Jean de Béthencourt mit Erlaubnis des Guanchenkönigs, der die Absichten des Eroberers nicht erkannte, eine Verteidigungsanlage gegen die Piraten und eine Kapelle bauen. Zwei Jahre später, 1404, wurde die Siedlung mit Kastell und Kapelle zum Bischofssitz erklärt. Im 16. Jahrhundert wurde die Siedlung von Piraten zerstört, die Kapelle 1630 entweiht. Oberhalb der Playas de Papagayo sind im **Barranco de los Pozos** noch die Ruinen eines Wehrturms und einige Brunnen (*pozos*) zu finden. Ein Holzkreuz markiert die Stelle, an der die Kapelle gestanden haben soll.

J/K3

K3

Los Hervideros

Diesen Hexenkessel erreicht man auf der Fahrt von den Salinas del Janubio zum El Golfo direkt von der Straße aus. In der zerklüfteten Lavaküste haben sich Grotten, Höhlen und Schluchten gebildet, die heranbrausenden

Los Hervideros heißen diese zerklüfteten Lavafelsen

G2

Wellen des Atlantiks brechen sich am Fels, rauschen durch die Gänge und schießen mit wilden Fontänen aus den nach oben offenen Grotten. Vor allem im Winter bieten **Los Hervideros** (»die Brodelnden«) ein unvergessliches Naturschauspiel. Wer die wilde Szene hautnah erleben will, findet einen Weg über natürliche Lavabrücken, darf aber nicht wasserscheu sein.

Eingang zum Timanfaya-Nationalpark

E/F
2/3

🟠 Parque Nacional de Timanfaya

Die Welt der Vulkane ist von Yaiza im Süden aus erreichbar oder vom Norden über Tiagua-Mancha Blanca. Um diese Wunderwelt zu begreifen, sollte man zuerst das **Centro Visitantes Mancha Blanca** besuchen. Es liegt zwischen der Einfahrt zum Nationalpark und Mancha Blanca. Das Äußere des Besucherzentrums beweist, wie sorgfältig ein modernes Gebäude in die herbe Landschaft integriert werden kann – der größte Teil verschwindet unter der Lavaoberfläche. Die Besucher werden in Bild und Wort sowie per Audiovision in die Entstehung Lanzarotes und der Vulkane eingeführt. Einen »Ausbruch« kann man im Eruptionsraum erleben. Am Infoschalter werden auch die Termine für kostenlose Wanderungen durch das Schlackenmeer und Pyroklastenfelder (griech.: zerbrochen) bekannt gegeben.

Auf der Fahrt zum **Parque Nacional**, 1974 gegründet, durchquert man ein Gebiet, das 1730–36 und 1824 durch Vulkanausbrüche unter glühender Lava erstickt wurde. Unter den Dörfern, die zugeschüttet wurden, war auch Timanfaya, das dem höchsten Feuerberg (510 m) seinen Namen gegeben hat. Rund 100 Vulkane spieen aus 300 Kratern glühende Lava, Asche und Staub. 174 Quadratkilometer ist die Mondlandschaft der **Montañas del Fuego**, der Feuerberge, groß.

Der Park darf nur per Bus besichtigt werden, 45 Minuten dauert die von sphärischen Klängen untermalte Tour. Ein Erlebnis, das nicht nur einmal Gänsehaut erzeugt. Im **Valle de la Tranquilidad**, dem »Tal der Stille«, beispielsweise erstickt jeder Laut – der Mensch verloren im grauen Tal, Grauen erregend. Der Bus fährt an speziellen Bildungen der Ausbrüche vorbei, an *Calderas*, den schüsselartigen Einbrüchen, an *Hornitos*, den durch schnelle Erkaltung der Lava entstandenen Öfchen. Ein prunkvolles Beispiel ist der **Mantó de la Virgen**, der Mantel der Jungfrau, ähnlich einem nach vorn offenen Umhang. Rot leuchtet die **Montaña Rajada** (374 m) im Südwesten, dem besten Aussichtspunkt im Park.

Die Fahrt durch die Feuerberge endet auf dem **Islote del Hilario**, benannt nach einem Einsiedler, der hier lebte. An dieser Stelle hat César Manrique das Restaurant »El Diablo« in die dunkle Landschaft eingebettet, dazu noch über einem aktiven Vulkanschlot, der ausreichend Hitze zum Grillen von Hähnchen bietet. Unterhalb des

Im Nationalpark Timanfaya kommt man sich wie auf einen anderen Planeten versetzt vor

Gebäudes wird die Kraft des vulkanischen Atems demonstriert: Ein Parkwächter wirft mit einer Heugabel einen trockenen Dornlattichbusch in eine Mulde, die Pflanze lodert in Sekundenschnelle auf; ein anderer gießt in ein in den Boden gerammtes Rohr einen Eimer Wasser und rennt zur Seite, dann zischt und spuckt eine Wassersäule gen Himmel, abgekühlte Kondenströpfchen erfrischen die Gesichter der baffen Zuschauer.

Centro Visitantes Interpretación de Mancha Blanca

2 km südöstlich von Mancha Blanca, 6 km nordöstlich des Nationalparks (LZ 67, km 11,50)
☎ 928 11 80 42, www.reservasparquesnacionales.es (Liste der Aktivitäten und Anmeldung), tägl. 9–16.30 Uhr, Audiovision (vorher Kopfhörer verlangen) mehrmals zwischen 9.30 und 15.30 Uhr, Eintritt frei
Alles Wissenswerte über die Entstehung der Insel und der Vulkanlandschaft, über Geschichte und Wirtschaft Lanzarotes, auch per Audiovision; mehrsprachige Simulation eines Vulkanausbruchs im Untergeschoss. Infos auch über Wanderungen durch die Lavalandschaft (nur mit Führung, für Gruppen bis 7 Personen); unbedingt reservieren (nur noch online, s. o.).

Parque Nacional de Timanfaya

Einfahrt zwischen Yaiza und Mancha Blanca
Autofahrer lösen an der Schranke ein Ticket für den Parkplatz und die Bustour.
☎ 928 84 00 57
Tägl. 9–19, im Sommer 9–17.45 Uhr, letzte Route mit dem Bus 17 Uhr
Eintritt inkl. Bustour € 8/4 (7–12 J.)

El Diablo

Im Nationalpark, Islote del Hilario
☎ 928 17 37 89, tägl. 12–15.30 Uhr
Beeindruckender Blick auf die Feuerberge, einheimische Küche, auch Gegrilltes vom Vulkanschlot. €€

Am Rande der Feuerberge auf einhöckrigen Kamelen

E–G
4/5

⑩ Parque Natural de Los Volcanes

Der Naturpark der Vulkane umzingelt den Parque Nacional de Timanfaya. Zwischen den beiden geschützten Zonen gibt es wichtige Unterschiede: Ein Nationalpark unterliegt strengsten Bestimmungen, Zugang
gibt es nur unter Aufsicht, Touren nur mit Führung, im
Fall der Feuerberge nur mit dem Bus. In den Natur-
parks hingegen darf man auf den Straßen mit dem Auto umherfahren, auf gekennzeichneten Wegen wandern und radfahren, es gibt Park- und Picknickplätze.
Das Sammeln von Steinen oder Pflanzen ist in beiden
Fällen untersagt, alles muss so bleiben, wie es ist.

E4

E/F4

Im Nordwesten ragt der Bergzug **Montaña Calde-
reta** aus dem schwarzen, erstarrten Ozean. Mitten drin
fällt ein weißer Riese auf, die **Caldera Blanca**. Im Gegensatz zu den schwarzen, erst knapp 300 Jahre alten
Vulkanen der Umgebung, hat der hellgraue Vulkan
1,2 Millionen Jahre auf dem Buckel, ist durch Erosion
weiß und glatt geschliffen.

F5

Der nächste Vulkan, die **Montaña Colorada** (*colorada*=gefärbt, rote Flanken durch hohen Eisengehalt)
liegt östlich des Timanfaya-Nationalparks, nahe der
Straße LZ 56, und ist ein durch Erguss gebildeter Vulkan (effusiver Vulkanausbruch). Um einen seltener
vorkommenden Spritzkrater handelt es sich bei der
Montaña del Cuervo. Dieser Vulkan öffnet sich auf seiner Westseite, die Wanderer können also direkt ohne
große Anstrengung in den Krater gehen. Die Krater-
wände sind vielfarbig, verstreut liegen große, gelbe
Lavabrocken umher.

Sich im Naturpark der Vulkane frei bewegen zu kön-
nen ist natürlich ein besonderes Vergnügen, doch der
Umgang mit der Vulkanlandschaft will gelernt sein. Im
Anfang kann man sich verirren – so sollte man sich zu-

nächst einer der geführten Touren anschließen. Touren veranstaltet »lanzaroteactiveclub« (www.lanzarote activeclub.com, vgl. Service, Sport und Erholung.

Playa Blanca

Am südlichen Ende von Lanzarote entstand in den letzten Jahrzehnten aus einem Hafen für die Verschiffung von Salz der Salinas de Janubio ein ausgedehnter Urlaubsort. Die meisten Hotels und Apartments stehen an den Stränden, der kleine Kern blieb ziemlich ursprünglich, vom Hafen aus verkehren Schiffe nach Corralejo auf Fuerteventura. Die Uferpromenade oberhalb des meist überfüllten Hausstrandes ist gespickt mit Restaurants und Bars. Westlich und östlich davon liegen die aufgeschütteten Strände **Playa Flamingo** und **Playa Dorada**. Dort wurde auch der **Sporthafen Marina Rubicón** eröffnet. Hier und drüben im Osten des Ortes stieg die Bettenzahl in wenigen Jahren von 5000 auf 18 000, hinzu kommen etwa 5000 Villen, die in der offiziellen Statistik nicht erscheinen.

Tourist Information
C. Limones 1, 35572 Playa Blanca
✆ 928 51 81 50, www.yaiza.org, Okt.–Juni Mo–Fr 10–18, Sa 10–14, Juli–Sept. Mo–Fr 9.30–19, Sa 10–14 Uhr

Brisa Marina
Avda. Marítima 24, Playa Blanca
✆ 928 51 72 06, www.restaurantebrisamarina.es
Ab Mittag durchgehend geöffnet
Tolle Lage direkt über dem kleinen Strand, fangfrischer Fisch. €€€

Casa Pedro
Avda. Marítimo 77, Playa Blanca
✆ 928 51 79 65, www.casapedroplayablanca.com
Restaurant auf zwei Etagen, traditionelle Architektur, direkt am kleinen Sandstrand, Tische auch an der Avenida. Vorwiegend Fischgerichte. €€–€€€

Puerto Deportivo Marina Rubicón
Urbanización Castillo del Águila, Playa Blanca
✆ 928 51 90 12, www.marinarubicon.com
500 Anlegestellen mit allen sanitären und technischen Einrichtungen. Gebäude im kanarischen Stil, Restaurants, Bars und Boutiquen, Tennis und Pool.

Tauchen: Cala Blanca Diving Center
Centro Comercial Papagayo, Local 66
✆ 928 51 90 40, www.calablancasub.com

Bootsausflüge:
Fahrten nach Corralejo/Fuerteventura etwa 6 mal

K2

tägl., mit Pkw-Transport, Überfahrt ca. 35 Minuten, jeweils ab Muelle de Playa Blanca s/n (Hafenmole):
– **Fred Olsen**
℡ 928 51 72 66, www.fredolsen.es
– **Naviera Armas**
℡ 928 51 79 12, www.navieraarmas.com
– **Marea Errota**
℡ 928 51 76 33, mareaerrota@retemail.es
Piratenfahrt, Transferbus ab Costa Teguise und Puerto del Carmen. Fahrt auf einem im alten Stil gebauten Zweimaster, Stopp und Essen vor den Playas de Papagayo.

Ausflugsziele:

K3

🌴 **Playas de Papagayo**
Der Ausflug über die Pisten zu den Papageienstränden hat die Umwelt stark strapaziert, Flora und Fauna der Dünen vernichtet. Um den Verkehr zu lenken, ist jetzt nur ein Weg erlaubt, außerdem wird von Autofahrern eine Gebühr verlangt (€ 3). Naturschützer kontrollieren die Wege zu den Stränden, weil vor allem Jeepfahrer immer wieder versuchen, im Naturschutzgebiet eigene Spuren zu hinterlassen.

Unter den Playas de Papagayo versteht man folgende Buchten:

Playa de Mujeres – 400 m Sandstrand, wegen der Nähe zum Urlaubsort stark frequentiert;
Playa de Caletón – schmale Bucht, wenig besucht;
Playa del Pozo – 300 m Sandstrand, gut besucht;
Playa de la Cera – 300 m Sandstrand, unterschiedlich stark besucht, auch FKK;
Playa de Papagayo – namensgebend für den ganzen Abschnitt, etwa 120 m Sandstrand;
Playa Caleta del Congrio – 100 m Sandstrand, starke Brandung;
Playa de Puerto Muelas – 100 m Sandstrand, starker Wind, auch Camper.

Die schönsten Strände und Sandbuchten Lanzarotes verbergen sich hinter dem Begriff »Playas de Papagayo«

Kiosko Las Arenas
Terrassen direkt über der Playa de Papagayo
℘ 928 80 99 64, tägl. 11–19, im Sommer bis 21 Uhr
Fisch und andere kleine Speisen, Drinks, flotte Musik. €€

Playa Quemada

Der vor allem von Einheimischen aufgesuchte kleine Ferienort **Playa Quemada** (verbrannter Strand), auch Puerto Quemada, ist über die LZ 706 erreichbar, die zwei
Kilometer südöstlich von Uga nach Süden abzweigt. Im
ehemaligen Fischerort gibt es vorwiegend Ferienhäu-
ser, auch ein paar Fischkneipen. Wochentags kommen
Urlauber hierher, die Ruhe suchen, am Wochenende
feiern Einheimische ihre Freizeit. Die vor dem Ort liegende schwarze **Playa de la Arena** eignet sich vor allem
für Spaziergänge auf dem Kies- und Sandstrand. Hinter
einem Felsvorsprung liegt eine kleine Bucht mit schwarzem Sand, bei FKKlern und wilden Campern beliebt.

 7 Islas
Calle La Bajita s/n, Playa Quemada, ℘ 928 17 32 49
Einfaches Restaurant mit Terrasse, gute Fischgerichte,
auch Meeresfrüchte. €€–€€€

Puerto Calero

Der große Sporthafen liegt westlich von Puerto del Carmen, drei Kilometer südlich der LZ 2. Stilvolle Anlage in
Weiß und Blau, konzipiert vom Designer und Architekten Luis Ibañez, einem Freund von César Manrique. An
der Promenade gibt es einige Restaurants und viele
Boutiquen, v. a. mit Kleidung und Bootsausrüstung.

Museo de Cetáceos de Canarias
Edificio Antiguo Varadero, 1. Stock, Locál 11
Puerto Calero
℘ 928 84 95 60
www.museodecetaceos.org
Di–Sa 10–18 Uhr, Eintritt € 11/5 (7–16 J.)
Alles über Säugetiere des Meeres, über Wale und Del-
fine, Reproduktionen in Originalgröße, Originalske-
lette, originale Tonaufnahmen, Filme und Führungen.

 Amura
Am Hafen, Puerto Calero
℘ 928 51 31 81, von 13 Uhr bis nachts, Mo geschl.
Hochpreisiges Spitzenrestaurant: elegant, professio-
nell. Spezialität: Milchspanferkel. €€€€

 Centro Comercial Antiguo Varadero
2° planta, Puerto Calero
℘ 928 51 08 50, www.puertocalero.com
420 Anlegeplätze, alle sanitären und techni-

schen Einrichtungen. Hochseefischen, Motorwasser-
sport, Jetski, Tauchen etc. (vgl. unten).

Submarine Safaris
Puerto Calero
✆ 928 51 28 98, www.submarinesafaris.com
Kostenloser Bus ab Costa Teguise und Puerto del
Carmen, Tauchzeiten: 10, 11, 12 und 14 Uhr
Tauchgang € 52, bis 14 Jahre € 30, 10 % Onlinerabatt
Tauchgänge vor dem Hafen in 30 m Tiefe, Schiffswrack
mit zahlreichen Fischarten.

Catlanza
Puerto Calero, ✆ 928 51 30 22, www.catlanza.com
Tägl. 10–14 und 14.30–18.30 Uhr
Tickets € 59/39 (5–16 J.)
Katamaran-Segeltouren zu den Papagayo-Stränden;
Essen und Trinken an Bord, Tauch- und Schnorchelge-
räte sowie der Transfer vom und zum Hotel inklusive.

Puerto del Carmen

Lanzarotes bedeutendstes Urlaubsziel im Süden der Insel zieht sich etwa acht Kilometer am Meer entlang.
Viele große Hotelanlagen liegen jenseits des Strand-
boulevards. Im Osten der Stadt, vor allem an der **Playa
de los Pocillos**, hat man sich bemüht, auf Beton zu verzichten, man sieht viel Inselarchitektur mit Holzbalkonen und Türmchen. Entlang der lebhaften Avenida de
las Playas reihen sich Restaurants mit Menüs aus aller
Herren Länder, Bars und Pubs, Diskotheken und Spiel-
hallen, Centros Comerciales und Boutiquen aneinander.

Der alte Kern der Stadt, der **Puerto La Tiñosa** mit der
Plaza Varadero, hat durch viel Umbau am Hafen seine
Romantik zum großen Teil verloren. Das klassische Restaurant »El Sardinero«, kurze Zeit eine Disco, wurde in
die Calle Tenerife 11 (✆ 928 51 52 34) verlegt, dafür gibt
es am Platz freitags von 10–22 einen Markt. Zwar gibt
es immer noch ein paar traditionelle Fischrestaurants an
der Plaza, sie werden jedoch von einer modernen Lo-
kalreihe über dem schwarzen Vulkanfelsen überstrahlt.
Am meisten Stimmung machen noch die historische
»Casa Roja« (1850) direkt am Hafen und das Restaurant
»La Lonja« mit kleiner Fischhalle, wo man den ausge-
suchten *pescado* von der Küche zubereiten lässt.

Die Strände von Puerto del Carmen
Vom Osten beginnend:
Playa de Matagorda am Kap de Cima – hier weht ein
ständiger Wind, der richtige Platz für Surfer;
Playa de los Pocillos – mehr als 2 km Sandstrand, bei
Flut teilweise mit großer Lagune, ein Spaß für Kinder;
Playa Grande (früher Playa Blanca) – 2 km Sandstrand
im Stadtzentrum unterhalb der Avenida de las Playas.

H5

Tourist Information
Avda. de las Playas s/n, oberhalb der Playa Grande
35510 Puerto del Carmen
℗ 928 51 33 51, www.puertodelcarmen.com (auch auf
Deutsch) und www.ayuntamientodetias.es
Mo–Fr 10–14 und 18–20, Sa/So 10–14 Uhr

Puerto Viejo
Calle Timple 4, Puerto del Carmen
℗ 928 51 52 65, tägl. 12–16.30 und 18.30–23.30 Uhr
Bekanntes Restaurant in Hafennähe. Fisch- und Fleischgerichte, auch Paella. €€€

Casa Roja
Avda. del Varadero s/n, Puerto del Carmen
℗ 696 90 08 31, www.casarojalanzarote.com
Tägl. 10–24 Uhr
Historisches Haus von 1850 mit Terrasse direkt über
dem Hafen. Gute Fisch- und Fleischgerichte. €€–€€€

La Lonja
Oberhalb des Hafens, frühere Fischhalle
Puerto del Carmen
℗ 928 51 13 77
Authentisches Fischrestaurant, auch Fischtapas. Ver-
kauf von Fisch und Meeresfrüchten. €€

Groß ist das Angebot an nächtlichem Vergnügen
an der **Avenida de las Playas**, der Strandprome-
nade. So im Centro Comercial Atlántico, wo **Charlie's**
oder im C. C. Los Dragos das **Café del Carmen** seit Jahren zu den beliebten Adressen gehören. Am alten Hafen hat sich inzwischen eine neue Nachtszene gebildet
mit dem **San Miguel** in der Avda. del Varadero s/n, wo
man um 8 Uhr frühstücken, mittags speisen und nachts
zu heißen Rhythmen auf der Terrasse tanzen kann.

H6

Rancho Texas

Calle Noruega s/n, zwischen Puerto del Carmen
und Flughafen
℗ 928 84 12 86, www.ranchotexaslanzarote.com
Tägl. 9.30–17.30 Uhr, Eintritt € 19/14 (2–14 J.)
Unterhaltung für die ganze Familie: Raubvogel-,
Seelöwen- und Papageien-Show, weiße Tiger, Pumas,
Bisons usw. Night-Shows mit Barbecue.

Lanzarote Golf Resort
Carretera Puerto del Carmen-Tías
℗ 928 51 40 50, www.lanzarotegolfresort.com

Tauchen:
Bahianus Club Lanzarote (ex Barakuda Club)
Calle Jupiter 5, Hotel Geria, Playa los Pocillos
℗ 928 94 40 30, www.bahianus.com

Warten auf die Touristen: Dromedare aus Uga

Die Dromedare von Uga

Früher dienten die einhöckrigen Kamele als Zugtiere in der Landwirtschaft. Doch die Bauern von Uga haben auf Reittiere umgestellt. Seit den 1970er Jahren schaukeln die Wüstenschiffe Touristen durch die Vulkanschlacke. Aus Gründen des Naturschutzes dürfen die Karawanen nur noch am Rande der Feuerberge ziehen. Etwa 200 Dromedare gehören dem Dorf, durch Zucht wird die Zahl auf diesem Stand gehalten. Während der Brunftzeit müssen die Kamelhengste wegen ihrer Aggressivität im Gehege bleiben.

Mit 10 bis 15 Tieren hat eine Familie ein gutes Auskommen, das Gewerbe des Treibers *(camellero)* wird an den Sohn vererbt. Wohlhabende Kameltreiber beschäftigen Gastarbeiter aus Mauretanien. Morgens und abends muss die Kamelherde die Hauptstraße Yaiza–Timanfaya überqueren. Autofahrer werden diesbezüglich mit einem seltenen Verkehrszeichen gewarnt: Im rot umrandeten Gefahrenzeichen ist ein schwarzes Kamel abgebildet.

Ein Beitrag zum ewigen Streit: Es gibt unter den Kamelarten das einhöckrige und das zweihöckrige Kamel. Das einhöckrige Kamel wird Dromedar (lat. *Camelus dromedarius)* genannt, das bedeutet Rennkamel. Das zweihöckrige Kamel dagegen wird auch als Trampeltier (lat. *Camelus ferus)* bezeichnet.

Uga

Wo die Hauptstraßen LZ 2 und LZ 20 zusammenstoßen, kurz vor Yaiza, liegt das **Dorf der Kameltreiber**. Von hier zieht jeden Morgen die Dromedar-Karawane an den Rand der Feuerberge, um Touristen ein paar Runden am Lavaberg drehen zu lassen. Abends nach 17 Uhr kommen sie wieder zurück. Die Architektur erinnert an Nordafrika: weiße, kubische Häuser, dazwischen mit schwarzem Lavagranulat bedeckte Gärten, Kakteen und Palmen. Auch bei der weißen Kirche **San Isidro Labrador** setzt sich der Schmuck mit Hibiskus, Geranien und einem Drachenbaum fort.

 Bodega
An der LZ 2 am östlichen Ortsrand von Uga
℗ 928 83 01 47, Do geschl.
Restauriertes Bauernhaus mit Zisterne, Garten und

Terrasse. Große Schinkenplatte, abends feine Köstlichkeiten bei Kerzenschein, auch Kamelfleisch. €€€€

Casa Gregorio
Ortsmitte, nahe der Kirche, Uga
℡ 928 83 01 08, tägl. außer Di ab 9 Uhr
Rustikales Restaurant, Treff der Kameltreiber, deftige kanarische Gerichte, auch Tapas. €–€€

La Ahumaderia
An der LZ 2 links Richtung Yaiza
℡ 928 83 01 32
Di–Fr 10–13.30 und 16–18.30, Sa 10–14 Uhr
Lachsräucherei, es wird nur frischer Lachs aus Norwegen und Schottland verwendet.

Yaiza

Nur wenige Kilometer südlich des Parque Nacional de Timanfaya liegt Yaiza, von dem Einheimische meinen, es sei das schönste Dorf der Insel, was auch die mehrfache spanische Auszeichnung bestätigt. Das Symbol für das »schönste Dorf«, das Bauernmädchen mit dem Krug, steht hinter der Kirche auf der **Plazuela de Victor Fernández**. Vor der Kirche breitet sich die gepflegte, mit Palmen und Pfefferbäumen geschmückte **Plaza de los Remedios** aus.

Die Kirche **Nuestra Señora de los Remedios** ist eine der wenigen auf der Insel, die regelmäßig geöffnet hat, außer mittags. Beide Langhausschiffe und das Querschiff haben dunkle, Chorraum und Vierung rot-blaugelbe Mudéjar-Decken. In der Hauptnische der Hochaltarwand steht die »Jungfrau der Vierzehn Nothelfer« auf einer großen silbernen Mondsichel, silbern sind auch die schweren Kronen der Jungfrau und des Jesuskindes.

Am Westende der Plaza liegt die restaurierte **Casa de la Cultura**. Das Geburtshaus des Literaten und Politikers Benito Perez Armas (1871–1937) fällt durch seine maurisch wirkende Bauweise, das Ensemble um den offenen Innenhof und die roten Ziegeldächer auf – ein deutlicher Kontrast zu den weißen Häusern Yaizas.

Ein paar Schritte weiter in Richtung Playa Blanca wurde in einem der schönsten Bauernhäuser Yaizas die **Galeria Yaiza** untergebracht. Sie zeigt Werke des 1998 verstorbenen deutschen Künstlers Wilfried Leitz, der eher unter seinem Künstlernamen Veno bekannt ist. Unter den geförderten, jungen Inselkünstlern hebt sich vor allem Tayó aus dem benachbarten Uga heraus, dessen figurale, humorvolle und farbenfrohe Bilder im Kontrast zu Venos impressionistischen, in den Farben der Insel gestalteten Motiven stehen.

Wer sich über den Ort und seine Umgebung einen Überblick verschaffen will, besteigt am besten Yaizas Hausberg, die **Montaña de la Cinta**. Das weiße Dorf ist umgeben von einer dunklen Vulkanlandschaft, die ahnen lässt, welche Ausmaße die Ausbrüche von 1730 hatten. Nur drei Häuser blieben stehen, eines davon, das Landgut »La Era«, entdeckt man südöstlich vom Berg inmitten eines üppigen Gartens (Barranco 3, hinter der Kirche). Das von den Inselkünstlern César Manrique und Luis Ibañez ehemals zu einem berühmten Restaurant umgebaute, 300 Jahre alte Landgut vergammelt seit der Schließung des Restaurants leider allmählich.

Casa de la Cultura
Piazza de los Remedios s/n, Yaiza
Mo–Fr 9–13 und 17–19 Uhr, Eintritt frei
Bibliothek, Verwaltungs- und Ausstellungsräume für einheimische Künstler.

Galeria Yaiza
Carretera Molinos 14, am Ende von Yaiza Richtung Playa Blanca
© 928 83 04 83, Mo–Sa 17–19 Uhr
Sorgfältig restauriertes Bauernhaus. In der Galeria werden Gemälde des verstorbenen deutschen Malers Wilfried Leitz, bekannt unter dem Künstlernamen Veno, und anderer Künstler der Insel ausgestellt, u. a. Arbeiten von Ildefonso Aguilar und Tayó aus dem nahen Uga.

Casona de Yaiza
Calle El Rincon 11, südlicher Stadtrand von Yaiza
© 928 83 62 62, www.casonadeyaiza.com
Edles Restaurant in einem Landhotel, reich dekoriert. Raffinierte kanarische und mediterrane Küche, auch kleine Gerichte, besonders stimmungsvoll am Abend. €€€–€€€€

La Era
Calle Barranco 3
© 928 83 00 16, www.laera.com, Yaiza
Eines der schönsten Restaurants auf Lanzarote in einem 300 Jahre alten Landgut, einst vom Künstler und Architekten César Manrique renoviert. Stilvolles Ambiente, kanarische Küche. €€–€€€ ∎

Das schönste Dorf der Insel: Yaiza

Lanzarote in Zahlen und Fakten

Lanzarote, die nördlichste Insel der Kanaren, liegt 115 km von der afrikanischen Küste entfernt.

Lanzarote bildet zusammen mit Gran Canaria und Fuerteventura die Ostprovinz des Archipels.

Die Fläche: 795 km², 62 km lang, 21 km breit

Einwohner: Rund 140 000, davon etwa 59 000 in der Hauptstadt Arrecife

Wirtschaft: Seit den 1970er Jahren ist der Tourismus Erwerbszweig Nummer eins. Die Landwirtschaft kann nur einen Bruchteil der benötigten Lebensmittel erzeugen. Immer größere Bedeutung erhält die Produktion von Ziegenkäse und von Wein.

Die teils vulkanische Insel ist in sieben Gemeinden, die *municipios*, eingeteilt: Arrecife, Haría, San Bartolomé, Teguise, Tías, Tinajo und Yaiza. Da vor dem Tourismus die Küste als wertloses Land galt, liegen die Verwaltungsstädtchen (außer Arrecife) im Landesinneren. So kommt es, dass beispielsweise das viel größere Puerto del Carmen von dem kleinen Tias verwaltet wird, Playa Blanca von Yaiza.

Anreise, Einreise

Deutsche, Österreicher und Schweizer benötigen einen gültigen Personalausweis oder Reisepass bzw. den Kinderausweis. Bei Einreisenden aus EU-Ländern werden auf Lanzarote keine Passkontrollen durchgeführt.

Hunde und Katzen dürfen innerhalb der EU nur mit Nachweis einer Tollwutimpfung (implantierter Mikro-

Im Hafen von Puerto del Carmen

70

chip, keine Tätowierung mehr für Tiere, die nach dem 3. Juli 2011 geboren sind) mitgenommen werden. Die Daten werden durch eine Tollwut-Impfbescheinigung bestätigt, ausgestellt von einem ermächtigten Tierarzt. Für Autofahrer reicht der nationale Führerschein.

Mit dem Flugzeug
Flugzeit ab Frankfurt/Main: ca. 4 Std., 3228 km. Charterflüge gibt es ganzjährig, meistens wird Lanzarote direkt angeflogen, z. B. von Condor, Tuifly, Air Berlin, Ryanair.

Linienflüge mit Iberia, Zwischenstopp in Madrid bzw. Barcelona, gibt es täglich ab Frankfurt, Düsseldorf und Hamburg, ab Berlin und München am Mo, Mi, Fr und So.

Der **Flughafen** liegt zwischen Arrecife und Puerto del Carmen. Chartergäste werden mit dem Bus abgeholt, Linienbusse (sie heißen auf den Kanaren *Guaguas*) fahren alle Urlaubsorte an. Auch Taxis (Festpreise bzw. Taxameter) stehen bereit.

Mit dem Schiff
Urlaubsreisen mit dem Schiff, auch mit Pkw-Verladung, sind ab Cadiz möglich und werden u.a. durchgeführt von der Linie Acciona, ✆ 902 45 46 45, www.seetour24.de/reedereien/acciona-trasmediterranea. Fahrzeit ca. 30 Std.

Auskunft

Fremdenverkehrsämter/Tourismusbüros
Kostenloses Prospektmaterial und Antworten auf spezielle Fragen bekommt man bei Tourspain

in Deutschland:
– Lietzenburger Str. 99, D-10707 Berlin
✆ (030) 882 65 43, berlin@tourspain.es
– Grafenberger Allee 100, D-40237 Düsseldorf
✆ (02 11) 680 39 80, duesseldorf@tourspain.es
– Myliusstr. 14, D-60323 Frankfurt/Main
✆ (069) 72 50 33, frankfurt@tourspain.es
– Postfach 151940, D-80051 München
✆ (089) 530 74 60, munich@tourspain.es

in Österreich:
– Walfischgasse 8, A-1010 Wien
✆ (01) 512 95 80
viena@tourspain.es

in der Schweiz:
– Seefeldstr. 19, CH-8008 Zürich
✆ (044) 253 60 50
zurich@tourspain.es

Beim ersten Besuch einer Sehenswürdigkeit können **verbilligte Eintritts-tickets** erworben werden (Info auch unter www.centrosturisticos.com):
Für 4 Zentren (7 Tage gültig): Cueva de los Verdes, Kaktus Garten, Jameos del Agua, Feuerberge Timanfaya € 26/13 (Kinder 7–12 J.)
Für 3 Zentren (14 Tage gültig): € 20/10 (Kinder 7–12 J.)
Für 6 Zentren (14 Tage gültig): Cueva de los Verdes, MIAC – San José Festung, Kaktus Garten, Jameos del Agua, Mirador del Río, Feuerberge Timanfaya € 30/15 (Kinder 7–12 J.)

Auf Lanzarote:
– Calle Triana 38, 35500 **Arrecife**
✆ 928 81 17 62, info@turismolanzarote.com
– Parque José Ramírez Cerdá, 35500 **Arrecife**
✆ 928 81 31 74
– Centro Comercial Los Charcos, Locál 11
Avda. Islas Canarias s/n, 35530 **Costa Teguise**
✆ 928 59 25 42, costateguise@turismolanzarote.com
– C. Limones 1, 35570 **Playa Blanca**
✆ 928 51 81 50, playablanca@turismolanzarote.com
– Avda. de las Playas s/n (Pavillon oberhalb der Playa Grande), 35510 **Puerto del Carmen**
✆ 928 51 33 51, puertodelcarmen@turismolanzarote.com

Automiete, Autofahren

Für Verkehrsteilnehmer gelten die gleichen Bestimmungen wie in Deutschland. Verboten ist, unter Einfluss von Alkohol, Rauschgift oder Medikamenten zu fahren. Die **Promillegrenze** liegt bei 0,5.

Folgende **Höchstgeschwindigkeiten** müssen beachten werden: Autobahnen 120 km/h, auf Schnellstraßen mit mehr als einer Spur 100 km/h, auf schmaleren Landstraßen 90 km/h, in geschlossenen Ortschaften 50 km/h, in Wohngebieten (Spielstraßen) 20 km/h.

Für alle Insassen gilt die **Anschnallpflicht**. Sie sollten sich nicht vom schlechten Beispiel der Einheimischen anstecken lassen. Es drohen hohe Geldstrafen. Moped- und Motorradfahrer müssen auch innerhalb der Ortschaften einen **Helm** tragen.

Hinweise für die **Automiete**: Der Führerschein muss mindestens ein Jahr alt, der Fahrer älter als 21 Jahre sein. Wichtig ist ein Preisvergleich, denn bei hohen Tagespreisen sind meistens Haftpflichtversicherung, Vollkasko, Insassenversicherung und Mehrwertsteuer eingeschlossen; bei Billiganbietern kommen diese Zuschläge bei Vertragsabschluss hinzu. Die Verträge werden vorwiegend ohne Kilometerbegrenzung angeboten.

Unbedingt vor der Übernahme Reifenprofil, Bremsen, Kupplung und Lenkung prüfen. Manche Vermieter übergeben das Fahrzeug mit fast leerem Tank, dann unbedingt fragen, wo die nächste offene Tankstelle ist. Nicht vergessen: Der Stand der Tankanzeige sollte auf dem Vertrag notiert werden, dann kann man das Auto auch mit fast leerem Tank zurückgeben.

Diplomatische Vertretungen

Die Konsulate der autonomen Region der Kanaren:

Deutsches Konsulat
Calle Albareda 3
E-35007 Las Palmas de Gran Canaria
℡ 928 49 18 80
www.las-palmas.diplo.de
Mo–Fr 9–12 Uhr

Deutsches Honorarkonsulat
Avda. de la Llegada/el Varadero 30
E-35580 Playa Blanca
℡ 928 51 92 31

Österreichisches Konsulat
c/o Hotel Eugenia Victoria
Avda. de Gran Canaria 26, E-35100 Playa del Inglés
℡ 928 76 25 00, Mo–Fr 10–13 Uhr

Schweizer Konsulat
Urbanicación Bahía Feliz, Edificio de Oficinas Locál 1
35107 Playa de Tarajalillo, Gran Canaria
℡ 928 15 79 79
www.eda.admin.ch

Einkaufen

In allen Urlaubsorten gibt es ein oder mehrere **Centros Comerciales** (kurz: CC) mit einem breiten Angebot – auch Lebensmittel. Da man kaum Straßenbezeichnungen kennt, dienen diese CCs als Adressenhinweis.

Shopping in Puerto del Carmen

Kunsthandwerk wie Töpferwaren, Korbflecht- und Häkelarbeiten gibt es in speziellen Geschäften, vor allem im Zentrum von Teguise und im Kunsthandwerkszentrum in Haría. Sehr beliebt ist auf Lanzarote auch von Gold- und Silberschmieden hergestellter Olivin-Schmuck. Die grünen Edelsteine werden aus Asien und Südamerika importiert, der auf Lanzarote gesammelte Olivin ist für die Verarbeitung zu brüchig.

Lanzarote-Weine sind bei Kennern sehr beliebt, günstigere Angebote gibt es oft in den Supermärkten. In den Bodegas ist der Wein meistens etwas teurer, aber man kann ihn vor dem Kauf kosten. Die meisten Bodegas findet man an der Straße Uga-La Geria.

An **Lebensmitteln** bieten die Supermärkte eine große Auswahl, z.B. preiswerten Ziegenkäse, *gofio* (geröstetes Mehl) und *mojo*, die scharfe Soße.

Zigaretten, **Spirituosen** und **Parfüm** gibt es preisgünstig in den Supermärkten, nicht am Flughafen, dort ist alles viel teurer.

An **Kunst** Interessierte finden auf Lanzarote viele Galerien mit Zeichnungen, Aquarellen und Ölbildern.

Essen und Trinken

Die lanzarotenische Küche ist recht abwechslungsreich, sie wurde von bäuerlichen Traditionen beeinflusst, von altkanarischen Rezepten und auch von vielen Seefahrernationen. Grundsätzlich wird reichlich frisches Gemüse verwendet, vor allem beim fantasievollen *Puchero canario,* ein Muss auf dem kanarischen Speisezettel: Fleisch von Rind, Hammel, Schwein und Huhn, als Würze eine pikante Wurst (z. B. *Chorizo,* eine Blut- und Paprikawurst), gelegentlich mit Speck und Rippe.

Die Essgewohnheiten der Lanzaroteños

Zum Frühstück gehen die Canarios in ihre **Bar**, und bestellen dort einen *café*, kurz und schwarz, häufig in einem kleinen Glas serviert. Mit Milchschaum obendrauf verwandelt er sich in einen *café cortado* (gekürzt), mit einem Schuss *coñac* zum *carajillo* (der Ausdruck ist etwas derb, kanarische Frauen vermeiden ihn möglichst). Zum Kaffee gibt es ein süßes Gebäck oder ein Sandwich.

Wer es sich leisten kann, geht mittags ins Restaurant, wer sparsamer essen will, begnügt sich mit einer Tapas-Bar, wo man auch kleine Portionen bestellen kann: **Tapas** auf einem kleinen Tellerchen für den ganz kleinen Hunger, dann gibt es die *media ración*, eine halbe Portion, oder die *ración* auf einem großen Teller.

Zur Auswahl an Tapas gehört immer die spanische **Tortilla**, wer kalte Leckereien bevorzugt, bestellt sauer eingelegte **Sardinen** *(boquerones)* oder **Tintenfischsalat** *(ensalata de pulpos)*, beliebt ist auch **Russischer Salat**, ein Kartoffelgemisch mit Wurzelgemüse, Erbsen, Eiern und viel Mayonnaise.

Frische Fische

Etwa 500 Fischarten leben in den kanarischen Gewässern. Vor allem im Inselinneren steht auf der Speisekarte oft nur der spanische Name. Hier eine Liste für Fischfreunde:

Atún	Thunfisch
Cherne	Wrackbarsch
Bacalao	Dorsch/Stockfisch
Gambas	Krabben
Langosta	Languste
Langostino	Scampi
Lenguado	Seezunge
Mariscos	Krustentiere
Lapas	Napfschnecken
Mero	Zackenbarsch
Pulpo	Tintenfisch
Salemas	Golstriemen
Sama	Rotbrasse
Tiburón	Haifisch
Vieja	Papageifisch

An Gemüse herrschen vor: grüne Bohnen, Linsen, Kichererbsen, Karotten, Zwiebeln, Knoblauch, Stachelgurken (Chayotefrucht), Kartoffeln, Süßkartoffeln (Bataten), *Bubangos* (den Zucchini ähnlich), Kürbis, Mais und Kohl. Gewürzt wird mit Safran, Kreuzkümmel, Thymian, Oregano oder Petersilie. Und mit *Gofio*, der in die Puchero-Brühe gerührt wird. Das Kraftfutter *Gofio* besteht aus getrocknetem, dann geröstetem und gemahlenem Weizen und Mais. Schon bei den Altkanariern gehörte dieses Mehl zur täglichen Ernährung (sehr kalorienreich!).

Zu den meisten Speisen wird auch die scharfe *Mojo* gereicht, Grundbestandteil sind scharfe kleine Paprikaschoten und Knoblauch, dann ist es die *Mojo picante*, mit Koreander zubereitet heißt sie *Mojo de Cilantro* oder *Mojo verde*.

Zur Tradition gehören auf den Kanaren die kleinen *Papas arrugadas,* in Salzwasser runzelig *(arruqadas)* gekochte, kleine Kartoffeln, mit einer Salzkruste ummantelt. Sie werden mit der Schale gegessen und in reichlich *Mojo* getaucht.

In Restaurants, die von Einheimischen bevorzugt werden, gibt es oft *Cabrito* und *Cordero,* Zicklein und Lamm. Auch Braten und Gegrilltes werden serviert, beispielsweise Schweine- oder Rindersteaks, Hähnchen, Koteletts und Kaninchen.

Zahlreich sind an der Küste Lanzarotes natürlich Gerichte mit Fisch *(pescado)* und Meeresfrüchten *(mariscos)*. Die Rezepte sind sehr einfach, ob *Sama* (Brasse) oder *Vieja* (Papageifisch), der beliebteste Fisch der Kanaren, sie werden mit einem Schuss Olivenöl gekocht und mit *Mojo verde*, der scharfen, grünen Soße serviert.

Zutaten der lanzarotenischen Küche

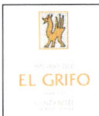

Mehr Arbeit macht die Zubereitung und entsprechend teurer ist die *Cazuela de pescado*, der Fischtopf. In der einfachen Küche wird sie aus Kopf und Schwanz eines großen Fisches zubereitet, feinere Rezepte verlangen Scheiben von Brasse, Barsch und Kabeljau. Kopf und Schwanz sind für den Fischsud wichtig, der mit Zwiebeln, frischen Tomaten, Paprika, Olivenöl und Weißwein zu einer sämigen Brühe eingekocht wird und erst den richtigen Pfiff gibt. *Caldo de pescado* ist einfacher und preiswerter, diese Suppe besteht aus Fischresten und ein wenig Fleisch.

Hervorragend ist der Käse, meist aus Ziegenmilch, ob frisch oder gelagert. Zum Essen wird **Wein** vor allem vom spanischen Festland angeboten, er ist preiswerter. Der teurere Lanzarote-Wein aus der Gegend um Geria (berühmt: »El Grifo«) wird in Restaurants mit Tradition immer häufiger empfohlen. **Bier** gibt es aus aller Herren Ländern, auch die spanischen Marken sollten probiert werden.

Ein spezieller kanarischer Nachtisch ist *Bienmesabe* (dt. wörtlich: »es schmeckt mir gut«), eine süße Mischung aus Mandelmus und Honig. Außerdem gibt es *Turrón*, eine Art Nougat (Eier-Mandel-Masse) und *Flan*, Vanillepudding mit Karamell.

Feiertage, Feste, Veranstaltungen

Gesetzliche Feiertage:
1. Januar: Neujahr
6. Januar: Heilige Drei Könige *(Los Reyes Magos)*
März/April: Karfreitag. *Semana Santa* vor Ostern und die Woche danach sind religiösen Feierlichkeiten vorbehalten: Jedes Dorf hat sein eigenes Fest, andere Aktivitäten werden reduziert.
1. Mai: Mai-Feiertag
25. Juli: Santiago/Sankt-Jakob-Tag
15. August: Mariä Himmelfahrt
12. Oktober: Nationalfeiertag *(Día de la Hispanidad/* Entdeckung Amerikas)
1. November: Allerheiligen
6. Dezember: Tag der Verfassung
8. Dezember: Mariä Empfängnis
25./26. Dezember: Weihnachten *(Navidad)*

Feiertage in den einzelnen Orten:
Die meisten Orte feiern ihren Schutzpatron oder eine wundertätige Madonna. Die unten genannten Termine sind zwar der Tag der Heiligen, können jedoch aus praktischen Gründen verschoben werden. Bitte erkundigen Sie sich im Vorfeld bei der entsprechenden Gemeinde.
5. Januar: Die »Heiligen Drei Könige« ziehen bei der *Cabalgada de los Reyes* auf Kamelen durch Arrecife.

Bootsprozession in Arrecife

Januar/Februar: Eine Woche Karneval in Arrecife; am Aschermittwoch Umzug »Begräbnis der Sardine«. Karnevalsfeiern auch in Teguise und Playa Blanca. Die Prozession in Puerto del Carmen findet erst am Samstag nach Karneval statt.

24. Mai: Fest der María Auxiliadora in Montaña Blanca (südwestlich San Bartolomé).

Mai/Juni: Fronleichnam *(Corpus Cristi)*, die Straßen von Arrecife und Haría werden mit bunten Blumenteppichen geschmückt.

13. Juni: San Antonio in Güime südlich San Bartolomé.

24. Juni: Johannistag, Fiesta de San Juan in Haría.

29. Juni: Peter und Paul, Fiesta de San Pedro in Máguez.

7. Juli: Fest zu Ehren von San Marcial del Rubicón in Femés; der ehemalige Bischof von Limoges ist Schutzpatron der Insel.

16. Juli: Fiestas del Carmen in Arrecife, Teguise, Puerto del Carmen und Famara. Das Fest dauert meistens eine ganze Woche lang. Besonders feierlich ist das Fest mit Bootsprozession auf der Insel La Graciosa.

24. August: Fest zu Ehren des heiligen Bartholomäus in San Bartolomé.

25. August: Fest zu Ehren des heiligen Ginés in Arrecife.

30. August: Fest zu Ehren der Santa Rosa in Haría.

8. September: Fest zu Ehren der Virgen de los Remedios in Yaiza.

9. September: Fest zu Ehren der Nuestra Señora del Socorro in Tiagua.

15. September: Fest zu Ehren der Virgen de los Volcanes in Mancha Blanca.

30. November: Fest zu Ehren des heiligen Andrés in Tao.

4. Dezember: Fest zu Ehren der heiligen Barbara in Máguez bei Haría.

24. Dezember: *Rancho de Pascua* in Teguise wird bis zum Morgen gefeiert, Folklore, Prozession und Mitternachtsmesse.

Geld, Kreditkarten

Kreditkarten nehmen fast alle Hotels, Restaurants und Geschäfte an. Die neue girocard, Nachfolgerin der EC-Karte, wird immer mehr zum bequemen Zahlungsmittel. Mit ihr und der Geheimnummer lässt sich auch bei fast allen Geldinstituten am Automaten Geld abheben. Die EC-Karte kann bis zum Ablauftermin weiterhin verwendet werden.

Bei **Verlust einer Geldkarte** gelten folgende Sperrnummern: für die girocard der Banken und Sparkassen ℰ (0)1805-02 10 21, oder die allgemeine Sperr-Notruf-Nummer ℰ +49-116 116, aus dem Ausland besser erreichbar ℰ +49 30 40 50 40 50. Weitere Sperrnummern von Master Card, Visa, American Express etc. gibt es über www.kartensicherheit.de.

Hinweise für Menschen mit Behinderungen

Auf die Bedürfnisse von Behinderten wird nur in Neubauten oder total renovierten Gebäuden Rücksicht genommen. Man sollte sich besser vorher beim Reisebüro genau erkundigen. Auskünfte gibt es beim:

BSK-Reiseservice
Altkrautheimer Str. 20, D-74238 Krautheim/Jagst
ℰ (062 94) 42 81 50, info@bsk-reisen.org
www.bsk-ev.org

Klima, Kleidung, Reisezeit

Lanzarote ist ein Ganzjahresziel bei mittleren Temperaturen von 20 °C; im Juli und August können 29 °C, von Dezember bis April 13/14 °C erreicht werden. Die ausgeglichensten Urlaubsmonate sind März bis Juli. Regen fällt laut Statistik gelegentlich zwischen Oktober und März, wegen der Klimaveränderung immer mehr, die Insel wird grün. Wassertemperatur im Sommer ca. 22 ° C, im Winter 18/19 ° C. Der ständig wehende Wind lässt die starke Sonneneinstrahlung leicht vergessen. Deshalb anfangs den Aufenthalt in der Sonne kurz halten und stets eine Creme mit hohem Schutzfaktor auftragen. In der Zeit zwischen 11 und 15 Uhr ist die Wirkung der Sonnenstrahlen besonders stark. Kinder und empfindliche Erwachsene sollten sich unbedingt mit Sonnenhut, Nackenschutz und langer Kleidung schützen. Lanzarote liegt auf der Höhe der Sahara! Vor allem in den Sommermonaten muss mit Moskitos gerechnet werden.

Bei Ausflügen Pullover oder Windjacke wegen des Windes, der besonders stark auf den Höhen und an der Nordküste ist, mitnehmen. Das gilt wegen des großen Temperaturunterschieds auch abends beim Ausgehen.

Medizinische Versorgung

Die Apotheken in Urlaubszentren, erkennbar am grünen Kreuz, sind zwar gut sortiert, doch ist es besser, bei regelmäßiger Einnahme von Medikamenten einen Vorrat mitzunehmen.

Die **European Health Insurance Card** (EHIC) gilt seit dem 1. Januar 2006 in allen EU-Staaten. Sie ersetzt den Auslandskrankenschein (E 111). Die Europäische Krankenversichertenkarte wird überall anerkannt.

Empfehlenswert ist eine zusätzliche Auslandskrankenversicherung, damit man im Krankheitsfall einen Arzt der Wahl aufsuchen kann. Die Behandlung muss dann bar bezahlt werden, die detaillierte Rechnung der Versicherung vorlegen, die im Rahmen der im Heimatland geltenden Sätze den Betrag erstattet.

Mit Kindern auf Lanzarote

Die Strände in den großen Urlaubsgebieten fallen sanft ins Meer ab und sind damit für Kinder ein wahres Paradies. Langes Buddeln im Sand nur mit Sonnenschutz zulassen (vgl. oben unter Klima und Reisezeit). Der Besuch von Restaurants mit Kindern ist auch abends völlig problemlos. Darauf achten: Viele Restaurants bieten inzwischen Kindermenüs an.

In den größeren Hotelanlagen gibt es neben dem Pool ein Kinderbecken, Spielplätze sowie Animationsprogramme in Mini-Clubs (vorher Kataloge der Veranstalter studieren oder das Reisebüro fragen).

Die meisten der von der Natur geschaffenen Sehenswürdigkeiten auf Lanzarote sind auch für Kinder sehenswert und spannend. Besonders sind Familien mit Kindern zu empfehlen:

Im Norden:
- die Höhlen Cueva de los Verdes und Jameos del Agua (vgl. S. 41 f. und 45 f.)
- der Tropical Park in Guinate (vgl. S. 43 f.)
- der Jardín de Cactus in Guatiza (vgl. S. 42 f.)
- der Freizeitpark Las Pardelas bei Orzola (vgl. S. 53)

Im Zentrum:
- das Museo Agrícola El Patio in Tiagua (vgl. S. 36)
- das Castillo de Santa Bárbara bei Teguise (vgl. S. 35)

Kletterspaß für Kinder an der Playa Flamingo in Playa Blanca

Im Süden:
– den Parque Nacional de Timanfaya (vgl. S. 58 f.)
– die Submarine Safaris in Puerto Calero (vgl. S. 63)
– das Walfischmuseum in Puerto Calero (vgl. S. 64)
– der Wildwest-Park Rancho Texas in Puerto del Carmen (vgl. S. 66)

Nachtleben

In den Urlaubszentren haben Bars, Cafeterien und Restaurants bis lange nach Mitternacht geöffnet. In Diskotheken ist erst nach Mitternacht so richtig etwas los. Nachtschwärmer finden vor allem in **Puerto del Carmen** reichlich Abwechslung, Zentrum der »Szene« sind dort die **Avenida de las Playas** und die **Avenida Varadero** am alten Hafen.

Wem das Geld locker sitzt, findet in Puerto del Carmen im **Casino de Lanzarote** (Avda. de las Playas 12, ✆ 928 51 50 00, www.casinodelanzarote.com) seinen Spaß bei amerikanischem Roulette und Black Jack; auch einarmige Banditen sind zahlreich vertreten. Öffnungszeiten: automatischer Spielsalon 11–4 Uhr, Casino und Restaurant 20–4 Uhr. Personalausweis mitbringen, Krawatte nicht erforderlich.

Notfälle, wichtige Rufnummern

Vorwahl für Spanien: ✆ +34
Vorwahl für Lanzarote: ✆ 928
Alle Notrufe (Polizei, Arzt, Feuerwehr) über ✆ 112, es wird tägl. rund um die Uhr auf deutsch geantwortet.

Die wichtigen Krankenhäuser:

Arrecife – Hospital Insular de Lanzarote, Calle Juan de Quesada s/n
✆ 928 810 500
Costa Teguise – Deutsch-Britische Klinik
Centro Comercial Plaza Tandarena 25
✆ 928 59 21 25
Puerto del Carmen – Hospiten Lanzarote, Lomo Gordo s/n, ✆ 928 59 61, www.hospiten.com
Weitere Adressen von Ärzten auf Lanzarote über www.arzt-lanzarote.de

Öffnungszeiten

In den großen Urlaubsorten haben die Geschäfte meistens durchgehend geöffnet, auch am Samstagnachmittag. In Städten, z. B. in Arrecife, ist von Mo–Fr 9–13 und 17–20 Uhr, Sa nur vormittags geöffnet.

Beschwerdebuch

Bei überhöhten Preisen, schlechtem Service ... *Hojas de Reclamaciones* verlangen. Das müssen alle haben: Bars, Restaurants, Hotels, Supermärkte, Taxifahrer, Busunternehmer etc.

Post, Briefmarken

Postämter sind Mo–Fr 9–14.30, Sa 9.30–13 Uhr geöffnet, in Arrecife Mo–Fr 9–20 Uhr, Sa von 9.30–13 Uhr. Urlaubsgrüße sollte man schnell schreiben, nach Europa sind sie meistens mehr als eine Woche unterwegs. Briefmarken *(sellos)* gibt es auf der Post, in Tabakläden, an Kiosken, die Postkarten verkaufen, manchmal auch an der Hotelrezeption. Die Briefkästen sind gelb lackiert mit einem roten Posthorn.

Presse

Alle wichtigen deutschsprachigen Tageszeitungen und Zeitschriften sind in den Ferienorten erhältlich, einige am Tag nach Erscheinen, Boulevardzeitungen auch am Erscheinungstag. Einige deutschsprachige Zeitungen haben sich auf der Insel etabliert und informieren in einer bunten Mischung aus Politik, Tourismus und Kultur auch über aktuelle Ausstellungen und Feste.

Rauchen

Auf den Kanaren gilt wie in ganz Spanien seit 2011 ein verschärftes Rauchverbot in allen öffentlichen Gebäuden und Verkehrsmitteln, in allen Bars und Kneipen, aber auch an Orten wie Kinderspielplätzen. Wer gegen das Rauchverbot verstößt, zahlt € 30 Strafe, bei Wiederholung deutlich mehr.

Sicherheit

In den großen Urlaubsstädten versammelt sich die ganze Welt, auch Diebe aus aller Herren Länder. Schon am Flughafen sollte man vorsichtig sein, wenn das Gepäck angekommen ist. Da keine Zollkontrollen stattfinden und die Gepäckbänder nahe am Ausgang liegen, ist der Koffer schnell verschwunden.

Während des Aufenthalts alle Wertsachen im Hotelsafe lassen, für unterwegs genügt eine polizeilich beglaubigte Kopie des Ausweises oder Reisepasses. Keine Wertsachen am Strand oder im Auto liegen lassen, auch nicht im verschlossenen Kofferraum. Keinesfalls die Geldbörse beim Stadtbummel in die Gesäß- oder Brusttasche stecken.

Sport und Erholung

Das Angebot für sportliche Urlauber ist auf Lanzarote reichlich. Alle **Wassersportarten**, vor allem Surfen, Segeln und Tauchen werden in den Urlaubsorten angeboten (Adressen bei den Orts-Infos). Eine Übersicht über Tauchbasen bietet www.tauchen-lanzarote.de, über Tiefseetauchen und Hochseefischen in Orzola www.buceolanzarote.com, für Surfer und Kiter www.surf.tunera.net.

Wanderungen durch die bizarre Vulkanwelt, durch das Tal der 1000 Palmen oder über den Klippen des Famara-Gebiets bieten fast alle Agenturen an, die Reiseleitung informiert darüber.

Spezielle Tages- oder Wanderwochen bietet die **Alpinschule Innsbruck ASI** (In der Stille 1, A-6161 Natters, ✆ +43 512 54 60 00, www.asi.at).

Internet-Tipps zum Wandern auf Lanzarote findet man auf www.canarytrekking.com.

Wanderungen zu interessanten Vulkanen im Parque Natural de Los Volcanes bietet **lanzaroteactiveclub** (Calle El Crucero 7, 35508 Costa Teguise, ✆ 650 81 90 69 oder 928 59 04 07, www.lanzaroteactiveclub.com).

Auf der Insel gibt es zwei **Golfplätze** (18 Loch), der eine ist in Costa Teguise, der andere bei Puerto del Carmen.

Für **Radfahrer und Mountainbiker** ist Lanzarote wegen der meist nur leicht steigenden Straßen und der ständigen Brise ideal. Wer nicht sein eigenes Rad mitbringt, findet in den Urlaubsorten mehrere Verleihstationen, die auch Touren organisieren.

Drachen- und Gleitschirmflieger finden auf der Insel ideale Windverhältnisse, eine hervorragende Thermik und zahlreiche Absprungrampen, z. B. im Norden bei Orzola und Mala, bei der Ermita de las Nieves, am Barranco Maramajo, Ladera de Melo, Morro Prieto, Montaña Chimia, Las Peñas, El Cuchillo und Zonzamas, im Süden bei La Degollada, auf dem Atalaya de Femés und auf der Montaña Tinasoria. Infos: www.sail-fly.de.

Fast alle Vier- und Fünf-Sterne-Hotels und große Apartmentanlagen haben **Tennisplätze**.

Strände:

Grundsätzlich gilt für Lanzarote: Der Norden und Nordosten bis Costa Teguise liegen im ständigen Nordostpassat, sind also eher für Segler und Surfer geeignet. Costa Teguise hat die Playa del Jablillo durch einen langen Wellenbrecher geschützt, so dass auch Kinder dort baden können.

Rundum schöne Badefreuden bieten die windgeschützten, kinderfreundlichen Strände von Puerto del Carmen und Playa Blanca im Süden. Von Playa Blanca aus sind die unter Naturschutz stehenden Playas del Papagayo schnell erreicht. Auch FKKler finden dort eine Bucht (vgl. Playa Blanca, S. 62).

Costa Teguise hat den einzigen Golfplatz von Lanzarote zu bieten

Der Westen Lanzarotes ist für Naturfreunde eine Augenweide. Stürmisch zerreiben sich die Atlantikwellen an den vom Magmafluss gestalteten Küsten. Für Badegäste gibt es hier keine Playa, für Windsurfer keinen Einstieg.

Strom

Die Stromspannung beträgt 220 Volt, die Steckdosen entsprechen dem üblichen Standard. Notfalls gibt es in den Supermärkten passende Adapter.

Telefonieren

Vom Ausland wählt man ✆ **+34** für Spanien und ✆ **928** für alle Orte auf Lanzarote, dann die Anschlussnummer. Von Lanzarote aus: ✆ +49 für Deutschland, ✆ +43 für Österreich, ✆ +41 für die Schweiz, dann die Ortskennzahl ohne Null, schließlich die Anschlussnummer.

Telefonieren vom Hotel aus ist teuer, günstiger ist der Anruf von der Telefonzelle, sehr einfach mit der Telefonkarte der Telefónica – am Automaten, in Tabakläden und Bars sowie beim Amt erhältlich.

Trinkgeld

In Restaurants und Bars ist der Service im Rechnungsbetrag enthalten. Bei besonders guter Bedienung sind bis zu 10 Prozent des Betrages üblich, bei großen Rechnungen reichen € 2 bis 3. Zimmermädchen erhalten rund € 5 pro Woche, Gepäckträger 0,50 bis € 1 pro Gepäckstück, im Restaurant erhält der Oberkellner am Anfang und Ende des Urlaubs einen angemessenen Schein. Pech, wenn der Ober gleich am Anfang des Aufenthalts seinerseits in Urlaub geht. Bei Taxifahrern aufrunden oder fünf bis zehn Prozent des Betrags geben.

Unterkunft

Große Hotel- und Apartmentanlagen dominieren in den großen Ferienzentren, Pensionen und Privatzimmer sind seltener. Passende Unterkünfte gibt es für alle Ansprüche, die Klassifizierung reicht von zwei bis fünf Sternen. Immer häufiger wird »all inclusive« angeboten: Essen und Trinken sind dann komplett im Preis inbegriffen.

Der Agrartourismus entwickelt sich allmählich auch auf Lanzarote, über die Ansprüche der Landtouristen müssen aber noch Erfahrungen gesammelt werden. Auf die Bezeichnungen sollte man achten:

Hotel Rural ist ein hotelähnlicher Betrieb, 50 000 Quadratmeter Grundfläche, behindertengerecht, mit Restaurant, Zimmer mit Wannenbad.

Agriturismo ist die Bezeichnung für eine Finca mit Landwirtschaft und Tieren, 25 000 Quadratmeter Grundfläche, Zimmer mit Dusche oder Bad, Restaurant kann es geben, muss es aber nicht.

Vivienda Vacacional ist eine Finca mit Zimmervermietung, ohne Restaurant, auch ein Aufenthaltsraum ist nicht Bedingung. Informationen gibt es über www.turismolanzarote.com.

Verkehrsmittel

Bus:
Regelmäßige Fahrten mit dem Bus (*guaguas*, gesprochen: gwagwa) gibt es von den Urlaubsorten aus, hauptsächlich zur Inselhauptstadt Arrecife, nach Teguise, Yaiza, Tinajo und Haría. Zu anderen Orten sind Busse nur auf den Berufsverkehr (morgens und abends) eingestellt. Die Haltestellen heißen *parada de guagua*, man erkennt sie an der auf den Asphalt gepinselten weißen Aufschrift »BUS«.

Mietwagen: vgl. unter Automiete/Autofahren, S. 72 f.

Taxi:
Taxifahren ist im Vergleich zu Mitteleuropa günstig. Die meisten Taxis haben Taxameter, wenn nicht, muss der Fahrer eine Preistabelle vorzeigen können. Bei größeren Touren sollte vor der Fahrt ein Pauschalpreis ausgehandelt werden.

Schiff:
Passagierschiffe verkehren Di, Do und Sa von Lanzarote bzw. Fuerteventura nach Las Palmas de Gran Canaria, Rückfahrt Mo, Mi und Fr; Fahrtdauer 13 Stunden.

Fährverbindungen zur Nachbarinsel Fuerteventura gibt es ab 8 Uhr täglich mehrfach von Playa Blanca nach Corralejo. Wer den Mietwagen mitnehmen

Kanarischer Baustil in Puerto del Carmen

möchte, sollte sich vorher den Mietschein dafür vom Vermieter abstempeln lassen, sonst könnte der Versicherungsschutz für die Nachbarinsel gefährdet sein.

Zeitzone

Auf Lanzarote gilt die mitteleuropäische Zeit (MEZ) minus eine Stunde = westeuropäische Zeit (WEZ).

Zoll

Obwohl die Kanarischen Inseln seit 1992 voll zur EU gehören, verfügen sie über einen Sonderstatus als Freihandelszone außerhalb der Zollunion. Deshalb gelten für Urlauber aus Deutschland und Österreich Zollbestimmungen wie für Nicht-EU-Mitglieder:

200 Zigaretten oder 100 Zigarillos oder 50 Zigarren oder 250 Gramm Rauchtabak (Mindestalter 17 J.); 1 Liter Spirituosen über 22 Prozent (Mindestalter 17 Jahre), zusätzlich sind 2 Liter anderer Weine erlaubt.

500 Gramm Kaffee oder 200 Gramm Pulverkaffee (Mindestalter 15 J.). Tee unterliegt keinen speziellen Abgabebestimmungen mehr, der jeweilige Betrag fällt unter den Gesamtwert für »andere Waren«; 50 Gramm Parfüm. Andere Waren sind bei Flug- oder Seereisen im Wert von € 430 zugelassen.

Für die Schweiz gelten: 200 Zigaretten oder 50 Zigarren oder 250 Gramm Tabak, 1 Liter Spirituosen über 15 Prozent und 2 Liter alkoholische Getränke bis 15 Prozent, Geschenke im Wert bis zu 300 CHF., Geschenke im Wert bis zu 200 CHF. ■

Die wichtigsten Wörter für unterwegs

¡Buenos días! Wer kennt diese Begrüßung nicht? Sie wird in Spanien bis 14 Uhr verwendet. Danach sagt man bis zum Sonnenuntergang *buenas tardes* und am späteren Abend *buenas noches*. Zu jeder Tageszeit können Sie *¿Hola, qué tal?* – Hallo, wie geht's? – verwenden. Dies ist zum Beispiel bei einer Vorstellung üblich. Geantwortet wird auf diese Frage entweder gar nicht oder mit einem einfachen *¡Bien!* – Gut!

Die Spanier sind in der Regel sehr hilfsbereit, freuen sich über ausländische Besucher und fragen neugierig nach deren Herkunft und dem Grund des Besuches.

Keine Panik, wenn Sie befürchten, zwar eine Frage stellen zu können, die Antwort aber nicht zu verstehen: Mit Körpersprache (wie z.B. mit einem Lächeln) kommt man fast immer weiter. Im Übrigen wissen Sie ja: *Sí* heißt ja, *no* nein. Und vergessen Sie nicht, sich zu bedanken – *gracias!*

Alltag, Umgangsformen

Guten Tag!	*¡Buenos días!*
Guten Abend!	*¡Buenas tardes!*
Gute Nacht!	*¡Buenas noches!*
Hallo!	*¡Hola!*
Wie geht es Ihnen?	*¿Cómo está?*
Wie geht es dir?	*¿Cómo estás?*
Auf Wiedersehen/Tschüss!	*¡Adiós!*
Gute Reise!	*¡Buen viaje!*
Bis bald!	*¡Hasta pronto!*
Bis morgen!	*¡Hasta mañana!*
Schön, dich kennengelernt zu haben	*Me alegro mucho de haberte conocido*
ja/nein/vielleicht	*sí/no/quizás*
Ich heiße …	*Me llamo …*
Wie heißt du?	*¿Cómo te llamas?*
Wie heißen Sie?	*¿Cómo se llama?*
Entschuldigung!	*¡Perdón!*
Danke!	*¡Gracias!*
Bitte schön!/ Keine Ursache!	*¡De nada!*

Falls Sie nicht alles verstehen, können Sie sagen: *No lo he entendido. Por favor, hable más lentamente.* Wenn auch das nichts hilft, bleibt noch, sich das Gesagte aufschreiben zu lassen: *Por favor, escríbamelo.*

Autofahren

Sollten Sie mit dem Auto unterwegs sein, können Sie die folgenden Vokabeln sicher gut gebrauchen…

Was auf Straßenschildern steht

obras	Baustelle
desvío	Umleitung
calle sin salida	Sackgasse
prohibido aparcar	Parkverbot
la tarjeta de estacionamiento	Parkscheibe
peligro	Gefahr
curva	Kurve

Rund ums Auto

Ich möchte ein Auto mieten.	*Quisiera alquilar un coche.*
Mein Auto ist aufgebrochen worden.	*Me han abierto el coche.*
Bitte geben Sie mir Ihren Namen und Ihre Adresse/ Ihre Versicherung an.	*Por favor, déme su nombre y dirección/su seguro.*
Sie sind zu schnell gefahren.	*Usted iba demasiado rápido.*
Führerschein	*licencia de conducir*
Ihre Papiere bitte.	*Su documentación, por favor.*
Autobahn	*la autopista*
Parkplatz	*el aparcamiento*
Parkscheinautomat	*la máquina expendedora de billetes*
Kann ich hier parken?	*¿Se puede aparcar?*
Sicherheitsgurt	*el cinturón de seguridad*
Tankstelle	*la gasolinera*
Benzin	*la gasolina*
bleifrei	*sin plomo*
Diesel	*gasoil, diesel*
Bitte volltanken.	*Llene el depósito, por favor.*
Machen Sie bitte einen Ölwechsel.	*Por favor, cambie el aceite.*
fahren	*conducir*
abschleppen	*remolcar*
reparieren	*reparar*
rechts/links/ geradeaus	*a la derecha/a la izquierda/ todo recto*
überqueren	*cruzar*

Gang einlegen	meter la marcha
Stadtplan	el plano de la ciudad
Sicherheit	seguridad
Stau	el atasco

In der Werkstatt — *En el taller mecánico*

Ich habe einen Unfall gehabt.	He tenido un accidente.
Mein Auto springt nicht an.	Mi coche no arranca.
Die Batterie ist leer.	La batería está descargada.
Die Bremse ist defekt.	El freno se estropeó.
Motoröl	el aceite de motor
Ölwechsel	el cambio de aceite
Motor	el motor
Getriebe	el cambio de marchas
Zündkerze	la bujía
Kotflügel	el guardabarros
Vergaser	el carburador
Blinker	el intermitente
Reifen	el neumático
Anlasser	el arranque
Scheibenwischer	el limpiaparabrisas
Lichtmaschine	la dínamo
Scheinwerfer	el faro
Kühler	el radiador

Einkaufen

Was kostet …?	¿Cuánto cuesta …?
Geld	el dinero
Kasse	la caja
ausgeben	gastar
bezahlen	pagar
verkaufen	vender
Sonderangebot	la oferta
Schaufenster	el escaparate
Etwas weniger bitte.	Un poco menos, por favor.
Etwas mehr bitte.	Un poco más, por favor.
kleiner/größer	más pequeño/más grande
Wo bekomme ich …?	¿Dónde puedo conseguir …?
Ich hätte gerne …	Quisiera …
Zeigen Sie mir bitte …	Por favor, enséñeme …
Was wünschen Sie?	¿Qué desea?
Kann ich Ihnen helfen?	¿Le puedo ayudar en algo?
Kann ich das anprobieren?	¿Puedo probármelo?
Kann ich mit dieser Kreditkarte zahlen?	¿Puedo pagar con esta tarjeta de crédito?
Ich hätte gerne etwas Billigeres.	Quisiera algo más barato.
zu teuer	demasiado caro
Ich habe Größe …	Tengo la talla …
Schlussverkauf	las rebajas
Hemd	la camisa
Hose	el pantalón
Jeans	el pantalón vaquero
Mantel	el abrigo
Rock	la falda
Kleid	el vestido
Kostüm	el traje
Strumpfhose	el panty
Strümpfe	las medias
Sakko	la americana
Jacke	la chaqueta
Schuhe	los zapatos

Farben — *Colores*

beige	beige
blau	azul
braun	marrón
gelb	amarillo
rot	rojo
grün	verde
schwarz	negro
weiß	blanco
grau	gris

Essen und Trinken

Wo bekommt man's

Bäckerei	la panadería
Fleischerei	la carnicería
Konditorei	la pastelería
Fischgeschäft	la pescadería
Markt	el mercado
Obst- und Gemüsehändler	el frutero
Obstgeschäft	la frutería
Supermarkt	el supermercado

Im Restaurant — *En el Restaurante*

Ich möchte einen Tisch für … Personen um … Uhr reservieren.	Quisiera reservar una mesa para … personas a las ….
Entschuldigung, wo sind hier die Toiletten?	¿Perdone, dónde están los servicios?
Dort hinten.	Allí detrás.
Die Karte bitte.	Por favor, la carta.
Was empfehlen Sie mir?	¿Qué me recomienda?
Haben Sie vegetarische Gerichte?	¿Tienen comida vegetariana?
Ich möchte eine Portion …	Quisiera una ración …

Ich möcht ein Bier/ einen Rotwein	*Quisiera una cerveza/un vino tinto.*
Guten Appetit!	*¡Que aproveche!*
Zum Wohl!	*¡Salud!*
Ich möchte zahlen.	*Quiero pagar.*
Wir möchten getrennt bezahlen.	*Por favor, cuentas separadas.*
Alles zusammen bitte.	*Por favor, todo junto.*
Hat es Ihnen geschmeckt?	*¿Le ha gustado?*
Danke, sehr gut.	*Estaba todo muy bueno, gracias.*
essen	*comer*
trinken	*beber*
Mineralwasser ohne/mit Kohlensäure	*el agua mineral sin/con gas*
Bier	*la cerveza*
alkoholfreies Bier	*la cerveza sin alcohol*
Flasche	*la botella*
Weinglas	*la copa*

Mariscos, pescado	**Muscheln, Schalentiere, Fisch**
los mariscos	Meeresfrüchte
los mejillones	Miesmuscheln
el salpicón de mariscos	Salat aus Meeresfrüchten
los cangrejos de río	Flusskrebse
los cangrejos de mar	Meereskrebse
la langosta	Languste
los boquerones	Sardinen
el atún	Thunfisch
la dorada	Goldbrasse
la caballa asada	gegrillte Makrele
la merluza	Seehecht
la anguila	Aal
la trucha	Forelle
el salmón	Lachs
el pulpo	Riesenkrake
anchoas	Sardellen

Platos de carnes	**Fleischgerichte**
el cerdo	Schwein
el solomillo de cerdo	Schweinefilet
el conejo	Kaninchen
el conejo al ajillo	mit Öl und Knoblauch gebratenes Kaninchen
el escalope	Schnitzel
el filete de ternera	Kalbsschnitzel
el estofado de cordero	Lammragout
las chuletas de cordero	Lammkoteletts
cordero lechal	Milchlamm
la vaca	Rind

la parillada de carne	verschiedene Sorten Grillfleisch
la brocheta de carne	Fleischspieß
el bistec	Beefsteak
el cochinillo	Spanferkel
el cabrito	Zicklein

Aves	**Geflügel**
el pavo	Truthahn
el pollo	Hähnchen
el pollo asado	Brathähnchen
el pato	Ente
las codornices	Wachteln
la perdiz	Rebhuhn

Pastas	**Teigwaren**
la empanada	gefüllte Teigpastete

Arroz	**Reisgerichte**
el arroz	Reis
arroz a banda	mit Fisch und Meeresfrüchten
arroz a la cubana	mit Tomaten, Spiegelei und Banane
arroz negro	mit Tintenfischsud
la paella	Reispfanne mit Fisch, Meeresfrüchten, Fleisch und Gemüse

Un diccionario de Tapas	**Tapas-ABC**
aceitunas	Oliven
albóndigas	Hackfleischbällchen in Soße
alcachofas con jamón	Artischocken mit Schinken
caracoles	Schnecken
flamenquín	panierte und fritierte Käse-Schinkenrolle
patatas alioli	Kartoffelsalat in Knoblauchmayonnaise
patatas bravas	Kartoffeln mit scharfer Soße
tortilla española	Spanisches Kartoffelomlett
picadillo	Salat aus klein gehacktem Gemüse
pincho moruno	gebratener Fleischspieß, vorher in Pökelsoße gewälzt
queso manchego	Schafskäse
jamón serrano	luftgetrockneter Bergschinken
jamón ibérico, pata negra, jamón de bellota	Schinken bester Qualität
chopitos	Babycalamares
sepia	gegrillter zarter Tintenfisch

setas	Austernpilze
croquetas	Kroketten
champiniones	Champignons
lacón	Kochschinken
Verduras	**Gemüse**
espárragos	Spargel
espinacas	Spinat
perejil	Petersilie
judías verdes	grüne Bohnen
judiones	weiße Riesenbohnen
guisantes	Erbsen
patatas	Kartoffeln
ensalada mixta	gemischter Salat
tomate	Tomate
pepino	Gurke
calabacín	Zucchini
brécol	Brokkoli
pimiento	Paprika
coliflor	Blumenkohl
zanahoria	Möhren
cebolla	Zwiebel
maíz	Mais
lentejas	Linsen
garbanzos	Kichererbsen
Frutas	**Obst**
la manzana	Apfel
la pera	Birne
las fresas	Erdbeeren
las frambuesas	Himbeeren
las cerezas	Kirschen
el melón	Honigmelone
la sandía	Wassermelone
el melocotón	Pfirsich
el plátano	Banane
el membrillo	Quitte
el limón	Zitrone
la naranja	Orange
las uvas	Weintrauben
Además	**Was es sonst noch gibt**
la leche	Milch
la leche desnatada	fettarme Milch
la nata	Sahne
el queso	Käse
el yogur	Joghurt
el huevo	Ei
la mantequilla	Butter
especies	Gewürze
el ajo	Knoblauch
al ajillo	in Knoblauchsoße
la sal	Salz
la pimienta	Pfeffer
la guindilla	scharfe Pepperoni
el azafrán	Safran
el orégano	Oregano

el azúcar	Zucker
el vinagre	Essig
el aceite de oliva	Olivenöl
la miel	Honig
el café	Kaffee (in Spanien immer ein Espresso, sonst: *café filtro*)
café solo	Espresso
café con leche	Milchkaffee
un cortado	Kaffee mit wenig Milch
carajillo	Kaffee mit Cognac
En la panadería	**Beim Bäcker**
el pan	Brot
una barra de pan	eine Stange Brot
pan integral	Vollkornbrot
bocadillo	belegtes Brot
pasteles	Gebäck
la tarta	Kuchen/Torte

Kosmetik, Presse, Bank, Öffentliche Verkehrsmittel

Was Sie zur Körperpflege brauchen

Zahnbürste	*el cepillo de dientes*
Zahnpasta	*la pasta dentífrica*
Rasiercreme	*la crema de afeitar*
Rasierklinge	*la navaja de afeitar*
Kamm	*el peine*
Lippenstift	*el lápiz de labios*
Seife	*el jabón*
Fön	*el secador de pelo*
Taschentücher	*los pañuelos*
Deo	*el desodorante*
Mückenschutz	*la protección contra los mosquitos*

Am Kiosk und im Zeitschriftenladen	**En el quiosco y en la papelería**
Zeitung	*el periódico*
Zeitschrift/ Illustrierte	*la revista*
Ich hätte gerne eine deutsche Zeitung.	*Quisiera un periódico alemán.*
Briefmarke	*el sello*
Briefpapier	*el papel para cartas*
Briefumschlag	*el sobre*
Papier	*el papel*
Kugelschreiber	*el bolígrafo*

Öffentliche Verkehrsmittel	**Transporte público**
Zug	*el tren*
Bahnhof	*la estación de trenes/RENFE*

Bus	el autobús
Hafen	el puerto
Flugzeug	el avión
Flughafen	el aeropuerto
Haltestelle	la estación
Fahrschein	el billete

Beim Arzt — En el médico

Arzt	el médico
Zahnarzt	el dentista
Ich habe …	Tengo …
Mein Mann/ meine Frau ist krank.	Mi marido/mujer está enfermo/ enferma.
Ich habe mir den Magen verdorben.	Tengo una indigestión.
Ich habe mich übergeben.	He vomitado.
Ich bin im … Monat schwanger.	Estoy embarazada de … meses.
Ich habe einen hohen/niedrigen Blutdruck.	Tengo la tensión alta/baja.
Hier habe ich Schmerzen.	Tengo dolores aquí.
Ich habe eine Verletzung.	Tengo una herida.
Arm	el brazo
Knöchel	el tobillo
Herz	el corazón
Zahn	el diente
Knie	la rodilla
Bein	la pierna
Hand	la mano
Auge	el ojo
Ohr	el oído
Haut	la piel
Fuß	el pie
Kopf	la cabeza
Ich habe Durchfall.	Tengo diarreas.
erbrechen	vomitar
Brechreiz	las náuseas
Husten	la tos
Kopfschmerzen	el dolor de cabeza
Kreislaufstörungen	los trastornos circulatorios
Hexenschuss	el lumbago
Sonnenbrand	la quemadura solar
Schwindel	el mareo
Salbe, Wundsalbe	la pomada, el ungüento
Tabletten	los comprimidos
Schlaftablette	el somnífero
Tropfen	las gotas
Schmerzmittel	el remedio contra el dolor
Verbandszeug	los vendajes

Wo? Wie? Was? – Orientierung

Wie man nach dem Weg fragt (und die Antwort versteht)

Entschuldigen Sie, wo ist …?	¿Perdone, dónde está …?
Wie komme ich nach …?	¿Por dónde se va a …?
Wie komme ich zur Autobahn?	¿Cómo llego a la autopista?
Geradeaus.	Todo recto.
Nach rechts.	A la derecha.
Nach links.	A la izquierda.
Ist das die Straße nach …?	¿Esta calle lleva a …?

Sehenswürdigkeiten

Brücke	el puente
Schloss	el palacio
Amphitheater	el anfiteatro
Brunnen	la fuente
Denkmal	el monumento
Fluss	el río
Kirche	la iglesia
Kathedrale	la catedral
Moschee	la mezquita
Museum	el museo
Rathaus	el ayuntamiento
Ruine	la ruina
arabisch für Burg-/ Schlossanlage	el alcázar
Synagoge	la sinagoga
jüdisches Viertel	la judería

Telefonieren — Llamar por teléfono

Wo kann ich hier telefonieren?	¿Dónde puedo llamar por teléfono?
Wo bekomme ich eine Telefonkarte?	¿Dónde puedo comprar una tarjeta telefónica?
Wie ist die Vorwahl von …?	¿Cuál es el prefijo de …?

Unterkunft — Alojamiento

Wissen Sie, wo ich hier ein Zimmer finden kann?	¿Sabe usted dónde puedo encontrar una habitación?
Ich suche eine Unterkunft.	Busco alojamiento.
Können Sie für mich dort reservieren?	¿Puede hacerme allí una reserva?
Ist es weit von hier?	¿Está lejos de aquí?
Wie komme ich dorthin?	¿Cómo llego ahí/ allí?
Haben Sie ein Doppelzimmer/ Einzelzimmer frei?	¿Tiene alguna habitación doble/individual libre?
Kann ich mir das Zimmer ansehen?	¿Puedo ver la habitación?

Können Sie ein Kinderbett aufstellen?	¿Puede poner una cama para un niño?	20	veinte
		30	treinta
Waschbecken	el lavado	40	cuarenta
mit Bad	con baño	50	cincuenta
Wir reisen morgen ab.	Mañana salimos.	60	sesenta
		70	setenta
Machen Sie bitte die Rechnung fertig.	Prepare la cuenta, por favor.	80	ochenta
		90	noventa
		100	cien
Rufen Sie bitte ein Taxi.	Por favor, llame un taxi.	1000	mil
		2000	dos mil
Campingplatz	el camping		
Zelt	la tienda de campaña		

Wetter — El tiempo

Wie wird das Wetter heute?	¿Qué tiempo hará hoy?
heiß	mucho calor
kalt	frío
kühl	fresco
Es ist schwül.	Hace bochornoso.
Es ist stürmisch.	Hay tormenta.
Wie viel Grad haben wir?	¿Cuántos grados tenemos?
Bewölkung	la nubosidad
Gewitter	la tormenta
Hitze	el calor
Regen	la lluvia
Sonne	el sol
Wind	el viento
Wolke	la nube

Zahlen — Numeros

0	cero
1	uno
2	dos
3	tres
4	cuatro
5	cinco
6	seis
7	siete
8	ocho
9	nueve
10	diez
11	once
12	doce
13	trece
14	catorce
15	quince
16	dieciséis
17	diecisiete
18	dieciocho
19	diecinueve

Zeitangaben, Kalender — Fechas, horas, calendario

Wie spät ist es?	¿Qué hora es?
Es ist 1 Uhr.	Es la una.
heute	hoy
gestern	ayer
vorgestern	anteayer
morgen	mañana
übermorgen	pasado mañana
vormittags (bis 14 Uhr)	por la mañana
nachmittags/abends (bis 22 Uhr)	por la tarde
abends/nachts (ab 22 Uhr)	por la noche
Tag	el día
Woche	la semana
Monat	el mes
Jahr	el año
Montag	el lunes
Dienstag	el martes
Mittwoch	el miércoles
Donnerstag	el jueves
Freitag	el viernes
Samstag	el sábado
Sonntag	el domingo
Januar	enero
Februar	febrero
März	marzo
April	abril
Mai	mayo
Juni	junio
Juli	julio
August	agosto
September	septiembre
Oktober	octubre
November	noviembre
Dezember	diciembre
Frühling	primavera
Sommer	verano
Herbst	otoño
Winter	invierno

Die **fetten** Seitenzahlen verweisen auf ausführliche Erwähnungen, *kursiv* gesetzte Begriffe bzw. Seitenzahlen beziehen sich auf den Service.

© iStockphoto/Count Kert

Die neue Reihe für cleveres Reisen

Alle Go Vista-Reiseführer plus App verfügen über 96 Seiten, erstklassige Farbfotos, einen separaten, ausfaltbaren Stadtplan – und über eine Reise-App.

Dieser digitale Reiseführer enthält alle Inhalte des Buches und mehr: Geführte Stadttouren, Online- und Offlinekarten, Umkreisanzeige, Augmented Reality, Wetterangabe und weitere tolle Funktionen.

Auswahl aktueller Titel

Schmutztitel (S.1): Lanzaroteños auf dem Sonntagsmarkt in Teguise
Seite 2/3 (v. l. n. r.): Costa Teguise, Windkraftwerk am Risco de las Nieves, Playas de Papagayo, Fundación César Manrique, San Roque in Tinajo, Jardin de Cactus

© VISTA POINT Verlag GmbH, Birkenstr. 10, D-14469 Potsdam
2., aktualisierte Auflage 2014
Alle Rechte vorbehalten
Reihenkonzeption: Andreas Schulz & Vista Point-Team
Bildredaktion: Andrea Herfurth-Schindler
Lektorat: Eszter Kalmár, JB Bild|Text|Satz
Layout und Herstellung: Sandra Penno-Vesper, Kerstin Hülsebusch-Pfau
Reproduktionen: Henning Rohm, Köln
Kartographie: Kartographie Huber, München
Druckerei: Colorprint Offset, Unit 1808, 18/F., 8 Commercial Tower, 8 Sun Yip Street, Chai Wan, Hong Kong
VP6XV

ISBN 978-3-86871-695-5

An unsere Leser!
Die Informationen dieses Buches wurden gewissenhaft recherchiert und von der Verlagsredaktion sorgfältig überprüft. Nichtsdestoweniger sind inhaltliche Fehler nicht immer zu vermeiden. Für Ihre Korrekturen und Ergänzungsvorschläge sind wir daher dankbar.

VISTA POINT Verlag
Birkenstr. 10 · 14469 Potsdam
Telefon: +49 (0)3 31/817 36-400 · Fax: +49 (0)3 31/817 36-444
info@vistapoint.de · www.vistapoint.de · www.facebook.de/vistapoint.de